La Synagogue De Satan

La Synagogue de Satan

**GENÈSE,
FONDATION ET
RAISON D'ÊTRE**

✦

UN ESSAI DE
Stanislaw Przybyszewski

Berlin
1897

**ORIGINES ET CULTE
DU SABBAT DES SORCIÈRES,
DU SATANISME
ET DE LA MESSE NOIRE**

Traduction française par Nacht Darcane

/*\

Edité et mis en page par Magick Kazim

© Hexen Press

Toute utilisation, reproduction, diffusion, publication ou retransmission du contenu est strictement interdite sans l'autorisation écrite de l'éditeur.

WWW.HEXEN.FR

ISBN : 978-2-492143-01-4

Gustave Doré - *L'Enfer de Dante Alighieri, 1861*
(Chant V)

Préface

Sataniste, Décadent, Roi des Bohémiens, Stanislaw Przybyszewski (1868–1927) était un écrivain, poète, critique d'art et libre penseur d'origine polonaise qui eut une influence remarquable sur les milieux occultes, littéraires et artistiques, décadents et symbolistes, de la fin du 19ème siècle. Ses fictions et essais provocateurs ont impressionné bon nombre des grands noms de l'avant-garde de son temps et des études sur le modernisme et l'expressionnisme en Allemagne et en Pologne le citent comme un instigateur important d'idées nouvelles pour l'évolution de ces mouvements.

Inspiré très tôt par Nietzsche, lecteur invétéré de Dostoïevski et d'Huysmans, il partagea la compagnie de nombreux artistes et écrivains tels qu'Edvard Munch, August Strindberg, Axel Gallen, Gustav Vigeland ou Richard Dehmel. Sa postérité lui valut également d'être cité comme référence dans de nombreuses revues littéraires et artistiques.

Mais, ce qui nous intéresse plus particulièrement est le développement qu'il fit d'un système original de pensée philosophique et métaphysique où Satan occupe la place centrale et dont le présent ouvrage constitue la pierre fondatrice. Aussi, avant de franchir la porte du temple littéraire de la Synagogue de Satan, il nous semblait important d'introduire en quelques mots son auteur.

Stanislaw Przybyszewski naît le 7 mai 1868 et meurt le 23 novembre 1927 alors que la Pologne fait encore partie de la Prusse. Il fit ses premières études aux lycées de Toruń et de Wagrowiec, puis se rendit à Berlin où il étudia l'architecture et les arts plastiques à l'École Polytechnique de Charlottenburg, en 1889. En 1892, il devint rédacteur de l'hebdomadaire socialiste polonais de Berlin, *la Gazeta Robotnicza*, et milita avec les ouvriers dans les mines de Haute-Silésie. Il devint également le célèbre chef de file de l'école moderniste de la Belle Époque. Les années berlinoises furent riches pour le développement littéraire de l'écrivain polonais qui y côtoya la bohème de la ville. A son retour à Varsovie, en 1898, il devint le leader d'un groupe d'artistes révolutionnaires et le rédacteur en chef de leur revue littéraire. Il vécut alors avec ses 2 compagnes successives entre la Norvège, Munich et la Pologne, son pays natal, où il retourna après la première guerre mondiale.

Ses premiers travaux furent des essais sur Chopin, qu'il portait en admiration et qu'il interprétait dans des élans passionnels tout en fascinant son audience devant ses comparses littéraires du Cercle du Petit Cochon Noir de Berlin.

Il écrivit alors des essais sur Chopin et Nietzsche et sur l'auteur suédois Ola Hansson, puis sa sombre prose métaphysique inspirée des chants liturgiques de la Toussaint 'La Messe des Morts'. Il acquit alors une certaine reconnaissance pour ses nouvelles et romans traitant généralement de sujets que la plupart de ses critiques contemporains considéraient comme sordides tels que l'anarchisme, l'inceste et l'adultère.

Suivit alors l'écriture de certaines de ses œuvres les plus connues tels qu' "Homo Sapiens" (1895) et "Satan's Kinder" (1897).

Dans ses thèmes favoris figure "l'âme mise à nue", libérée des contraintes sociales, dont les énergies destructrices apparaissent comme des forces évolutives poussant l'individu vers la perfection. Les autres sujets centraux de ses réflexions sont une célébration de la luxure et de l'évolution, ancrée dans le darwinisme social, une vision pessimiste de l'existence humaine et une volonté de destruction anarchiste et nihiliste, qu'il développe à l'aide d'une tactique de choc d'inversion sémantique typique du décadentisme, mouvement qui transforme le "mal", la "dégénérescence" et d'autres termes généralement connotés de façon négative en concepts positifs.

C'est peut-être à cette lumière qu'il convient de comprendre et d'étudier le présent livre. Les descriptions parfois extrêmes, vindicatives et provocatrices qu'il développe sur le Monde, l'Église ou les Sorcières, qu'il décrit comme les premières adoratrices de Satan, amplifiant volontairement leur aspect cruel et démoniaque, devraient être abordées en gardant en tête cette inversion symbolique qui célèbre les aspects les plus extrêmes de la vie comme des principes moteurs même de son évolution.

A sa mort, son cortège funéraire, tiré par une calèche de quatre chevaux portant l'insigne de l'État, s'étendait sur plus d'un kilomètre et comprenait des dignitaires de l'État et de l'Église, des chanceliers de collèges et d'universités, des écrivains et des journalistes.

Edvard Munch - Stanisław Przybyszewski, 1895

Les débuts du Satanisme

Stanislaw Przybyszewski a formulé ce qui est probablement la première tentative de l'histoire d'élaborer un système complet de pensée satanique.

Il ne célébrait pas, à notre connaissance, de messes noires le dimanche ni ne récitait des incantations enflammées au Diable avant de rejoindre Morphée, ni même n'a-t-il fondé une organisation satanique qui resta gravée dans l'histoire. Ce qu'il fit, néanmoins, c'est développer une vision du monde subtile et complexe, aux dimensions métaphysiques profondes, dans laquelle Satan occupait le rôle de chef d'orchestre et la place de référent symbolique principal.

Ce n'était pas, comme avec la plupart de ses pairs dans le domaine du Satanisme littéraire, un simple flirt avec le Diable, mais plutôt une révélation qui imprégna de façon cohérente et constante l'ensemble de ses écrits. Aucun des auteurs de l'École du Romantisme Satanique, que ce soit Shelley ou Byron, ou même Baudelaire, ne s'était avant lui identifié comme sataniste ou avait propagé quelque chose qui se rapproche même vaguement d'une vision du monde entièrement dédiée à l'Adversaire de l'Église. Si une certaine filiation spirituelle et littéraire peut être établie entre lesdits auteurs : Przybyszewski prend certainement la suite de Baudelaire qui fut le premier à chanter Satan en utilisant un langage et une structure inspirés de la poésie dévotionnelle et des conventions liturgiques. On retrouve également chez le slave cette propension particulière à dépasser les frontières entre la spiritualité et l'utilisation artistique de la mythologie, et à mêler les genres textuels, faisant de ses essais sur la critique d'art et l'histoire difficiles à distinguer de sa fiction. C'est néanmoins par la constance et la profondeur des idées et des visions qu'il développe et met en scène dans ses écrits que Przybyszewski se distingue comme un pionner et peut-être même, au sens strict, le premier sataniste. Il demeure à ce jour un des satanistes littéraires les plus cohérents et les plus persistants de tous les temps, avec sans doute seulement Anatole France pour le rivaliser. (Per Faxneld)

La Synagogue de Satan, dont vous trouverez pour la première fois ci-après la traduction française, est l'ouvrage fondateur par lequel ses idées se propagèrent et au sein duquel il développa le cœur de son système de pensée. Sa prose est devenue un classique de la littérature décadente et symboliste du début du 20ème siècle et une référence de plusieurs cercles occultes de l'époque.

Przybyszewski y postule deux éternels dieux de force égale. L'un est le dieu du christianisme, qui veut garder l'humanité dans un état enfantin et lui désavouer son libre arbitre. L'autre dieu, Satan, incarne l'anarchie, la curiosité, la force de vie et la défiance titanesque. Pour Przybyszewski, le bonheur n'est pas une condition naturelle dans la nature. Le progrès et l'évolution de l'homme, de même que son élévation spirituelle, sont intimement liés à la douleur et à la souffrance. Aussi, pour le décadent polonais, Satan est "le Père de la Vie, de la Reproduction, de la Progression, et du Retour Éternel".

Comme dans le livre de Michelet, 'La Sorcière', dont il semble s'inspirer, la Science, la Philosophie et l'Art se manifestent par la providence de Satan. C'est ce dernier qui inspire à son cercle restreint d'élus à dépasser le consensus des masses et de la religion chrétienne qui prêchent : "Soyez pauvres en esprit et humbles, soyez obéissants, suivez l'exemple, ne pensez pas !" pour se laisser enivrer par la muse de l'inspiration diabolique, créer de nouvelles formes de pensées et amener le progrès et la compréhension des mystères à l'humanité.

Les idées qu'il développe ont fortement influencé de nombreux écrivains et artistes qui s'approprièrent les visions de leur auteur en les intégrant à leur propre représentation spirituelle et magique du monde.

Après avoir rencontré Przybyszewski, le peintre polonais Wojciech Weiss (1875-1950) écrit à ses parents à propos de son voyage à Paris : "La Bohême, le Baudelairisme, le Satanisme, la Femme comme Satan, la femme de Rops. Goya. J'ai commencé à faire des gravures. On doit parler de cette manière pour propager le Satanisme à travers la foule."

Hanns Heinz Ewers (1871-1943) fut également grandement impressionné et influencé par les écrits de l'auteur slave qu'il rencontra pour la première fois en 1901 lorsqu'il voyageait à travers la Pologne avec sa troupe de cabaret. Przybyszewski vivait alors à Varsovie et était également impliqué dans les arts dramatiques. En 1910, Ewers commença à donner des conférences publiques intitulées 'La Religion de Satan' qui puisaient presque exclusivement leur inspiration dans les textes du présent livre. Ces conférences, très appréciées à l'époque, propagèrent les idées des deux auteurs pendant plus de 15 ans en Europe. Il semble qu'il y ait eu ensuite une proximité certaine entre les deux écrivains. Ewers s'inspira beaucoup du travail de Przybyszewski mais faisait également référence à lui comme un maître spirituel, impliquant une appartenance à une même organisation ou philosophie occulte. Przbyszewski traduisit se son côté les romans d'Ewers "L'Apprenti Sorcier" et "Alraune" ainsi qu'un recueil de nouvelles.

En 1920, le contenu des enseignements de l'ordre ésotérique allemand Fraternitas Saturni incluait également plusieurs des thèmes sataniques développés dans cet essai incandescent que nous vous laissons découvrir sans plus attendre :

La Synagogue de Satan

Kazim, Sept. 2020, Diocèse de Maguelone

/*\

Gustave Doré - 'Le Paradis Perdu' de John Milton, 1860

Genèse, Fondation et Raison d'Être

Je souhaite donner un aperçu concis des domaines du Satanisme et de la Magie Noire au travers d'une série d'essais. Le premier traite du développement historique du Satanisme jusqu'à la première fois où le Sabbat est mentionné, au moment où l'Église de Satan apparaît pleinement constituée et atteint son apogée. Le deuxième essai introduit les prêtres de l'Église de Satan (la Sorcière, le Magicien, le Sorcier) et leur culte (le Sabbat et la Messe Noire). Le troisième essai présente une évaluation critique scientifique du Satanisme, retraçant ses manifestations dans l'art moderne et les dernières sectes religieuses. Une vue historique d'ensemble occupe pour moi une place relativement importante, et ce à juste titre. Ce n'est que sur la base du développement historique, à la lumière des époques, des conditions psychologiques de l'humanité à un moment particulier et des événements extérieurs que l'on peut arriver à une évaluation claire et à la compréhension nécessaire du Culte de Satan. Jusqu'à présent, les démonologues n'ont mis que trop peu l'accent sur ces recherches. Le Satanisme était traité séparément du temps où il grandissait et se propageait ; aussi fallait-il arriver à cette sagesse libérale qui déclare tout cela comme pur non-sens.

Il existe deux Dieux éternellement opposés, deux créateurs et deux souverains sans commencement ni fin. Le bon Dieu créa les esprits, les êtres purs et son monde, le monde invisible, le monde de la perfection qui ne connaît ni souffrance ni douleur. Le mauvais Dieu créa le visible, le physique et le périssable. Il créa la chair et ses passions, la terre et ses luttes, ses tourments et ses doutes, l'immense voile de larmes. Il créa la nature, qui n'engendre que la douleur, le doute et le mal.

Le bon Dieu est la règle, la loi, l'humilité et la soumission. Il dit à ses enfants : "Soyez pauvres en esprit, alors seulement vous serez admis dans mon royaume ! Soyez plus puérils que les enfants, abandonnez votre libre arbitre, et suivez-moi ! Ne cherchez pas le début ou la fin car moi seul suis le passé et le futur tout entier."

Le mauvais Dieu est anarchie, défiance et sauts visionnaires vers l'avenir. Il est la curiosité en quête des mystères les plus occultes et le défi titanesque sans borne qui annihile toutes les lois et règles. Il est la plus haute sagesse et la plus profonde dépravation. Il est l'orgueil le plus sauvage et l'humilité silencieuse ; Il est le seul moyen pour l'homme de déjouer les règles. Il sanctifie la grandeur, l'audace et la fougue et les appelle héroïsme. Il enseigne à l'homme qu'il n'y a d'autre crime que celui d'aller à l'encontre de sa propre nature. Il sanctifie la curiosité et l'appelle science ; il laisse l'homme rechercher ses origines et l'appelle philosophie. Il permet et enseigne tout dans le lit du cours d'eau de la sexualité sans borne et l'appelle art.

Le mauvais Dieu est bon, c'est un bon père, il indique la voie juste.

"Tu es malade, tu veux être en bonne santé ? Regarde ! Ma terre abonde de toutes sortes d'herbes médicinales emplies de dangereux poisons. Mais tu peux les contraindre à servir de remèdes.

Tu veux devenir riche ; tu cherches un trésor caché ? Oh, je connais mille façons de faire sortir ton âme hors de sa tanière pour qu'elle te dévoile les précieuses veines de la terre. Ton âme sait tout. Elle et moi venons de la même source.

Tu veux contempler le futur et comprendre ta destinée ? Va, étudie le vol des oiseaux, écoute les soupirs des feuilles, contemple les étoiles, plonge ton regard dans un miroir cristallin et déchiffre les lignes de ta main. J'ai prédestiné ton avenir sous mille formes, mais explore, cherche et découvre, car mon précepte est de prendre conscience et de discerner, d'être circonspect, visionnaire et curieux avec créativité.

Tu veux que tes ennemis soient détruits sans tomber sous le joug de la loi ? Va ! Apprends à séparer ton âme de ton corps et je te porterai sur des milliers de kilomètres, afin que tu satisfasses, tout en étant invisible, les désirs de ton cœur. C'est parce que ton bien-être, ton développement et ton avenir sont ma plus haute priorité.

Tu es en train de perdre ta femme dans la mort ? J'ai de la compassion pour ton amour, car l'amour, la propagation de ton espèce, est cher à mon cœur. Va ! J'ai mille façons, mille formules pour faire revenir l'être cher de la mort !

Je te promets tout. Tu verras et recevras tout ce que tu désires si tu choisis ma voie. Mais mon chemin est difficile car la perfection est difficile."

Ainsi parlait le mauvais Dieu, le porteur de lumière et Satan-Paraclet. Son plus grand ennemi, le disciple de Nazareth, n'était pas encore né. Beaucoup suivirent sa voie et au cours de longues années d'épreuves et de tourments, ils explorèrent les secrets des cieux et de la terre ; Ils inversèrent tout pour que les poisons se transforment en remèdes, que les eaux les emportent vers l'avenir, que les vapeurs volcaniques qui jaillissent de la terre leur révèlent l'essence secrète de toutes choses. Et ils allèrent de plus en plus loin sur le chemin de leurs visions. Ils dessinèrent des cercles autour d'eux, vibrèrent des séquences de voyelles, les unes après les autres, jusqu'à ce qu'une prière et un mouvement de la main suffisent à relier leur âme au cosmos tout entier. Les lois de l'espace et du temps furent suspendues et les chaînes de causes à effets éliminées pour révéler les étendues infinies du commencement originel et de l'avenir le plus lointain.

Satan-Antichrist n'était pas encore né. Le Dieu diabolique était de nature duelle. Satan-Père, Satan-Samyasa, Satan-Poète et Philosophe, vivait au sein de la caste noble, toute puissante et omnisciente des Mages. Il vivait dans les mystères silencieux des temples chaldéens et ses prêtres étaient les Hakamims (les Médecins), les Khartumims (les Magiciens), les Kasdims et les Gazrims (les Astrologues).

Ce Satan-là vécut à travers les doctrines du Mazdéisme et ses enfants, les Mages, furent les fiers protecteurs de la flamme sacrée qui descendit des cieux à la terre. Satan vivait aussi en Ahura-Mazda, le bon Dieu qui enseigna à Zarathoustra les secrets de la plante sacrée Haoma, et en Thot, le Dieu égyptien, Hermès Trismégiste, qui retranscrit la connaissance secrète au sein de 42 livres et enseigna à ses élus les secrets du corps. La terrible Hécate partageait aussi les dons de ses visions magiques et ses œuvres avec ses élus, ainsi que le don de la mort invisible.

Mais, aux côtés de Satan-Thot et Satan-Hécate, vivaient aussi sur terre Satan-Satyre, Satan-Pan et Satan-Phallus. Il était le Dieu des instincts et du désir charnel et fut tout aussi bien vénéré par le plus haut en esprit que par le plus bas. Il se faisait source inépuisable de joie de vivre, d'enthousiasme et d'extase. Il enseignait aux femmes les arts de la séduction et permettait aux hommes de doubler leur appétit sexuel et de satisfaire leurs désirs. Il se délectait des couleurs, inventa la flûte et ordonna les muscles en un mouvement rythmique afin qu'une extase divine enveloppe le cœur et que le phallus sacré insémine l'utérus fertile de son abondance.

Pan en ces temps était à la fois Apollo et Aphrodite. Il était le Dieu du foyer domestique et du bordel et l'auteur d'écoles de philosophie. Il construisit des musées et des temples glorieux. Il enseigna la médecine et les mathématiques tandis qu'au même moment son temple à Astartéion était un immense lieu de débauche. Les prêtresses d'Astartéion pratiquaient les arts sexuels, elles apprenaient pendant de longues années à maitriser tous les moyens imaginables de satisfaction sexuelle.

A cette époque, l'époque de Tibère, la grande migration des Dieux vers Rome avait commencé. C'était une époque de raffinements suprêmes et de jouissance aristocratique de la vie. Le bon Dieu, qui était resté jusqu'alors sur son trône, dans son royaume invisible d'indolence et de plaisir, décida que la mesure des péchés était devenue trop grande ; et c'est ainsi qu'il envoya son fils sur terre, afin qu'il montre clairement à la progéniture du mauvais Dieu sa triste vérité sur les mondes invisibles.

Et il vint sur terre, ce fils du bon Dieu, et il se révéla d'abord aux pauvres, aux opprimés, aux esclaves et aux humbles travailleurs qui n'avaient jamais goûté aux saintes joies de Pan. Pourquoi vous inquiéter de votre pain quotidien ? Qui habille les lys des plus somptueuses couleurs faisant passer l'écarlate et le brocart pour des chiffons sans valeur ? Qui nourrit les oiseaux qui jamais ne sèment ni ne moissonnent ? Pourquoi courrez-vous après les choses du monde qui périront ? Que vaut votre orgueil quand le plus sublime sur terre deviendra le plus bas au royaume des cieux ? Et qu'en est-il de votre désir charnel, n'est-il pas la porte même de l'Enfer ?

Oh le désir charnel, oui le désir charnel, siège de toutes les passions, source inépuisable de joie de vivre, volonté de la vie éternelle. Il devait être détruit pour que le royaume de l'invisible puisse régner sur la terre.

Le Maître disait qu'un homme avait déjà souillé une femme lorsqu'il la regardait avec désir, mais les disciples allèrent beaucoup plus loin : Saint Cyprien dit que la femme fut créée de sorte à faire soupirer un homme d'amour - qu'elle était effrontée, et que si elle permettait à quelqu'un de brûler de désir pour elle, même sans le savoir, alors elle n'était même plus "vierge".

- Femme ! qu'avons-nous en commun, toi et moi ? demandait le Maître. Les disciples allèrent bien plus loin que le maître.

"Tu es diaboli janua", écrivit Tertullien.
Tu es une porte pour le Diable.

"Tu es arboris illius resignatrix."
Tu es la destructrice de l'arbre.

"Tu es divinae legis prima desertrix."
Tu es la première pécheresse contre la loi divine.

"Tu es, quae eum persuasisti, quem diabolus aggredi non voluit."
Tu es celle qui corrompt ceux qui ne souhaitent pas se tourner vers le Diable.

"Omnia mala ex mulieribus", gémit St. Hiéronymes.
Tout mal vient de la femme.

Oui, il proclamait même que la femme n'était pas créée à l'image de Dieu (*ad imaginem Dei*) car le Livre Saint ne parle pas de l'âme à la création de la femme.

Le bon Dieu de l'invisible détestait la beauté terrestre. Il haïssait tout ce en quoi Satan-Pan célébrait ses révélations les plus sacrées. Il enseignait la nature transitoire et la fugacité de ce monde. La moindre révolte de la chair était un péché qui devait à ses yeux être puni de longues années de pénitence.

Tertullien exprimait une haine fanatique pour les rubans violets que les femmes cousaient à leurs robes. Lactance maudissait les poètes et les philosophes pour avoir traîné des âmes innocentes dans la ruine. Des peintures furent détruites, *"quod nascitur, opus dei est, ergo quod fingitur, diaboli negotium".* ("Ce qui croit naturellement est la création de Dieu, ce qui est fait par l'homme est l'œuvre du Diable."). Le théâtre et le cirque devinrent *"diaboli figmenta"* ("des inventions du Diable").

Oui, les Saints Pères eux-mêmes nous avaient mis en garde contre les couleurs des fleurs, avec lesquelles le démon, l'ennemi maléfique, se pare de brillance et de splendeur.

Isaurius, l'Iconoclaste, n'eut rien à envier à Grégoire le Grand dans la destruction des sculptures. Théodose II fit détruire les anciens temples et ériger des croix à leur place. Ils massacrèrent les plus majestueuses œuvres poétiques en les falsifiant grossièrement ou les firent totalement disparaitre. Le diaboliste Cyprien enseignait que "varia demonia" (des œuvres du démon) se cachaient dans les poèmes.

Les prêtresses d'Aphrodite devinrent des putains que tous pouvaient souiller - et l'amour - l'amour devint l'amour de Dieu ! *"amor si vincitur, diabolus vincintur!"* (Soyez victorieux de l'amour, et vous serez victorieux du Diable). Tout ce qui était naturel était interdit, et plus particulièrement les vertus de guérison de la nature. Dieu avait envoyé la maladie sur le monde pour permettre à l'homme d'expier une partie de ses péchés durant sa vie sur terre. Frustrer les décrets de Dieu était un péché. Au mieux, les exorcismes étaient encore autorisés, non pour soulager la souffrance, mais pour démontrer le pouvoir triomphant du bien sur le mal.

Ubique Daemon ! (Le Démon est partout !). D'après Hiéronymes même l'air est rempli de démons fébriles criant et pleurant la mort des Dieux anciens. Le Démon se cache dans chaque fleur, chaque arbre, qui apporte la joie, la fertilité, la fortune et la beauté. Il fait naitre le jour en Lucifer, et l'achève en Vénus, inspiratrice de rêves voluptueux et obscènes.

Le premier siècle ne connut qu'une seule religion, celle du combat avec le démon.

Mais cette lutte n'était pas aisée. Dans sa folie fanatique, l'Église s'interposa entre l'homme et les liens les plus sacrés et profonds qui unissaient celui-ci au cosmos. Elle arracha l'homme à la nature, l'isola, et le suspendit entre le ciel et la terre. Le lien mystérieux que l'âme de l'homme entretenait avec l'âme du grand TOUT fut considéré étranger à l'intelligence et devint satanique, une supercherie de Satan.

L'homme ancien entretenait une relation intime avec la nature. Il vivait en totale harmonie avec la nature. Il en faisait partie, comme un de ses nerfs, vibrant au diapason au moindre changement de son environnement. Et si les inventions de l'esprit humain n'étaient pour l'époque que des projections organiques, alors les cultes polythéistes étaient également des projections organiques des puissances de bénédiction et de destruction de la nature. Tout comme l'âme devait être un mécanisme du corps qui regarde de l'intérieur et se projette dans le monde. La nature se révélait aux cultes païens par des symboles puissants.

Dans une lutte désespérée, l'Église détruisit une par une les veines par lesquelles le sang de la terre coulait en l'homme. Elle détruisit le processus de sélection naturelle inconscient qui s'exprime dans la beauté extérieure, la force et la noblesse.

Elle défendait tout ce que la nature voulait éliminer, tout ce qui était fortement répulsif, la souillure, la laideur, la maladie, l'estropié et le castré. L'Église aurait adoré que le monde soit castré, la lumière éteinte, et que la terre entière soit consumée sous une pluie de soufre. Son unique désir, son désir le plus ardent, était le souhait brûlant de l'avènement promis et tant attendu du Jugement Dernier.

Mais les nerfs, les veines gonflées de sang, ne se laissèrent pas arracher si facilement. Surtout dans les campagnes, où ceux qui restaient profondément enracinés profitaient de la moindre opportunité pour retourner à leurs chères divinités de la terre.

La rage chrétienne d'annihilation était dirigée contre les païens par des lois sanguinaires, mais le démon, la terre et la nature, étaient indestructibles. Il rejoignait les forêts, se cachait dans des grottes inaccessibles, rassemblait ses adeptes et célébrait des orgies licencieuses.

La volonté de destruction la plus forte était la haine dirigée contre Satan-Magicien et Satan-Guérisseur.

"Sois pauvre en esprit et sois humble. Sois un disciple obéissant, ne pense pas !"

Telle était la plus haute loi religieuse pour les masses stupides. Mais le Magicien restait fier malgré les lois. Il s'élevait dans les airs contre toute loi de gravité et ne sombrait pas au fond des eaux. Vous auriez pu le jeter dans les flammes, il en serait ressorti indemne. Le Magicien était trop fier pour être un disciple. S'il le voulait, il aurait pu devenir un Dieu aussi grand que le Christ.

"Le Christ ne fait pas de meilleurs choses que moi ; par la vertu, je peux aussi devenir divin" disait Théodore de Mopsueste.

Le Magicien méprisait la pauvreté d'esprit, il mettait au jour tous les secrets et perçait les mystères.

Il déterminait le successeur de l'Empereur et lisait dans les étoiles le destin de toutes les nations. Le Magicien était semblable au Christ lui-même, un criminel défiant les lois, un voyant averti. Il était un Dieu, mais bien plus fier que le Christ.

Le Christ dispensait ses enseignements aux plébéiens et forma son groupe de conspirateurs parmi les fermiers et les servants infantiles. Le Magicien réservait ses enseignements exclusivement aux âmes les plus fières et les plus fortes.

La fureur chrétienne, la haine des plébéiens et des pauvres en esprit, des dévots de la loi et ceux qui ne pouvaient que "suivre" était dirigées contre ces titans rebelles.

La loi de Constantine avait déjà instauré de lourdes sanctions contre les pratiques magiques. Les lois se succédaient, toutes plus sévères que les précédentes, jusqu'à ce que sous le règne de l'Empereur Valens, ce soit les philosophes qui furent persécutés. Même le brillant Jamblique s'empoisonna après avoir été emprisonné. Posséder un livre de philosophie était suffisant pour mettre votre vie en danger. Pour échapper à un tel sort, les gens du peuple rassemblèrent leurs livres et en firent un brasier.

Ce fut le début du terrible martyre des fiers enfants de Satan, à côté duquel les persécutions de Néron paraitraient un jeu d'enfant.

A cette période, les Magiciens devinrent des prêtres. Ils rassemblèrent les communautés païennes autour d'eux et les anciennes voies du paganisme devinrent des pratiques magiques. Les symboles et leur signification furent perdus. Plus personne ne savait ce que les signes ou les symboles signifiaient, mais le Magicien leur porta secours. Il leur attribua des significations mystiques qui par le pouvoir de la suggestion recommencèrent à exercer une influence considérable. Les mots que plus personne ne comprenait devinrent de puissants moyens pour aider le Magicien à établir un lien entre son Maître et son âme.

L'Église comprit alors qu'elle ne pourrait arriver à ses fins par la répression et la torture. Elle utilisa ses facultés d'imitation et s'empara du "lien magique" et du "choc en retour", si essentiel à la pratique de la magie. Les incantations et signes magiques furent remplacés par l'eau bénite et le signe de croix. Les évocations furent déjouées par la messe et l'eau bénite fut utilisée pour chasser Satan. Le Magicien pouvait peut-être invoquer une tempête par le nom de Satan, mais le Christ pouvait la disperser par la croix.

Cependant, plus la lutte durait, plus l'Église se devait d'être à la hauteur. Elle dut absorber les cultes païens en son sein. Les bacchanales des festivals de Cérès Libera furent combinées avec les processions du festival de Sainte Marie et furent célébrées dans une exubérance jamais égalée. Jusqu'au 13ème siècle, le peuple et les prêtres célébraient des festivals obscènes et orgiaques en commun, comme par exemple le festival de l'âne et le festival des fous (fatuorum).

Les vestiges des cultes du phallus s'invitèrent dans l'Église. Les capitaux des colonnes abondaient de figures obscènes. Un des sujets favoris représentés dans les Églises était l'histoire de Noé et comment il avait couché avec ses filles. Mais les images étaient encore plus spécifiquement liées à l'Enfer ! Dieu, comme c'était magnifique !

Pourquoi les pères de l'Église et ses docteurs sans imagination, naïfs et ingénus auraient-ils fait des efforts quand ils pouvaient tout simplement plagier ? Hadès laissa une forte impression sur le bon Eusèbe. Et bien ! Même le démon pouvait avoir une révélation de temps en temps. Mais c'était étonnant la connaissance que les païens avaient de l'Enfer ! Raban Maur n'omit pas une fois de mentionner le Phlégéthon, le Cocyte et le Styx, dans sa description de l'Enfer et durant tout le Moyen Âge la barque de Charon était considérée comme la barque du Diable.

Le démon était partout ! Satan triomphait du Christ. Lui qui d'abord avait été un moyen d'effrayer le peuple pour assurer la domination du Christ devint un Seigneur Tout Puissant que le monde craignait et voulait apaiser. Vous osiez à peine respirer car cela pouvait permettre à l'esprit du Malin d'entrer dans votre corps.

Au 4ème siècle, apparut l'horrible secte des Messaliens. Ils croyaient que le Diable essayait de les posséder, et on les voyait se flageller continuellement, criant, crachant, se tordant dans d'abominables contorsions, dans leur tentative de repousser le démon, dont le nom était "Légion".

Satan se démultiplia mille fois. Il devint théologien, s'en alla dans les confins du désert et tortura les Saints Pères de ses questions alambiquées. Il sema pléthores de doutes et de pensées dans leurs âmes. Il se rendit dans les monastères et enflamma les esprits troublés des moines d'images obscènes. Il visita les femmes pieuses la nuit, leur enleva toute volonté et présence d'esprit, et les soumis aux débauches les plus honteuses. Il pénétra l'esprit de multitudes de croyants et leur fit hurler les pires malédictions et blasphèmes.

L'Église n'était alors plus guère capable de se défendre contre Satan. L'exorcisme joua un rôle de plus en plus prépondérant dans la liturgie. Aucune messe n'était célébrée avec plus de faste que celle de l'exorcisme. Vous n'osiez guère participer à une cérémonie religieuse sans avoir auparavant exorcisé les moindres recoins de l'Église. Oui, sous le règne de Sirtus, ils exorcisèrent même un obélisque égyptien avant de l'installer à Rome.

En dépit de la rage de vaincre de l'Église, Satan devenait toujours plus puissant. Les possessions se firent plus nombreuses. Satan bafouait Dieu à travers les voix beuglantes des possédés. Il effectuait des miracles devant les foules de croyants. Il disait aux prêtres leurs péchés les plus secrets. Il prophétisait des choses qui se réalisaient vraiment. Il élevait dans les airs les corps des possédés puis les écrasait au sol sans qu'ils ressentent la moindre souffrance.

L'Église usait de moyens douteux. Supposant que toute passion humaine prédisposait à la possession du démon, elle interdit même la plus simple expression d'émotion. Chaque passion possédait son démon attribué. Si la passion disparaissait, le démon était lui aussi annihilé.

Le monde désespérait. Comment pouvaient-ils se protéger de Satan et de ses tentations ? Comment se protéger du flot éternel d'hallucinations libidineuses qui venaient d'heures en heures des milliers de voix méprisantes et moqueuses que Satan invoquait à l'encontre de Dieu ? Même la pensée était un péché ! Une vierge qui, même à son insu, permettait aux jeunes garçons de la désirer, péchait et avait déjà perdu sa virginité selon les proclamations de Saint Cyprien. La femme qui était belle péchait sans le savoir, car elle devenait par sa beauté la faucille par laquelle Satan récoltait sa moisson. (Anselme). Le moine que le démon traînait loin de la croix péchait parce qu'il n'avait pas la force d'endurer. Le mari péchait quand il trouvait plus d'intérêt à engendrer des enfants que dans l'amour de Dieu. La religieuse qui se baignait plus de deux fois par mois péchait.

Les péchés, les péchés étaient partout. La damnation éternelle était partout. A cause d'une pensée, d'un acte répréhensif, l'homme perdait le droit au paradis et succombait à Satan. Ceux qui avaient succombé ne serait-ce qu'une seule fois se verraient refuser le Salut. Les Saints eux-mêmes affirmaient que nombre de démons faisaient fi de l'exorcisme et ne le craignaient point.

En cette époque de démence massive, une hystérie contagieuse se répandit rapidement à la surface de la terre, torturant la population d'un millier de façons. C'était une époque où les gens attendaient éternellement la fin du monde et vivaient dans le désespoir le plus fou de la venue du Jugement Dernier. Ils attendaient le Paraclet, le Satan triune, l'Antichrist, car le temps de son règne était imminent.

"In brevi tempore saeviet", disait Cyprien.
Il fera rage dans peu de temps.

Lactane disait "Le temps est déjà là".

Ils imaginaient les choses les plus étranges sur l'Antichrist. Il serait un homme de péchés, le fils de la corruption, du hors-la-loi, de l'adversaire et du criminel. Il serait conçu de l'union d'un pape et d'un succube, ou encore *"immundissima meretrice et crudelissimo neblulone"* ("par une putain immonde et un bon à rien").

Le péché serait son élément. Il serait grand dans le péché, plus grand encore que le Christ dans la vertu. Il renversera tout ce que le Christ avait enseigné et chaque péché sera élevé en vertu. Le Christ avait fait preuve d'humilité, mais l'Antichrist s'élèvera dans les cieux, entrera triomphant dans le "temple" et s'autoproclamera Dieu.

Il abattra les serviteurs du Christ et annoncera d'un ton insolent "Que votre sang coule sur nous et nos enfants !". Il fera alors des miracles encore plus grands que ceux accomplis par le Fils de Dieu, et son pouvoir sera tel que prophétisé dans le Livre de Job (41.24) :

"Il n'a pas son semblable sur la terre : il a été fait pour être sans peur. Il regarde avec dédain tout ce qui est élevé, il est roi sur tous les fiers animaux."

Et l'Antichrist vint, pas comme un souverain du monde matériel, mais comme l'un des spirituels, fiers et élevés, le divin Mani.

Satan se lassait des délires frénétiques des épileptiques, en eut assez de vivre dans les fantasmes obscènes des moines. Le jeu stupide de l'exorcisme ne l'amusait plus. Il voulait être Dieu, devenir Dieu même avant la venue de l'Antichrist. Il voulait être Dieu au royaume des esprits, un Anti-Dieu fier et féroce qui renverrait le Nazaréen, l'usurpateur de la terre, dans son royaume invisible, une fois encore.

Ainsi parlait Mani de cette sainte et ancienne sagesse :

"Il existe deux Dieux, également grands, également puissants, éternellement opposés. Le Dieu invisible du "bien" qui trône dans les cieux ne se soucie pas de la terre, et vit seulement pour la perfection de ses élus. Puis, il y a un autre Dieu, le Dieu des péchés, qui règne sur la terre. Mais les péchés ne sont pas vraiment des péchés, parce qu'ils émanent de ce Dieu, tout comme les vertus émanent de l'autre Dieu, le Dieu indolent qui dit : "Ne vous fatiguez pas, suivez-moi ce sera suffisant."

Le Gnosticisme et le Manichéisme se répandirent tel un feu sauvage dans le monde chrétien et pour la première fois la question fut posée : Chrétien ou Manichéen, le conte de fée du libre arbitre ou la preuve du déterminisme ? *Stupide imitatio* ou les fantasmes autocratiques du mysticisme, l'esclavage docile ou la fière transgression au nom de Satan-Instinct, Satan-Nature, Satan-Curiosité, Satan-passion ?

A nouveau, l'Église fut victorieuse. Après 3 siècles de lutte, Satan dut rendre les armes. Sa première grandiose Avignon anti-chrétienne avait été détruite avec une cruauté terrible et Satan blasphémait en un sombre désespoir.

"Je suis le Dieu de la Lumière ! Toi, le Dieu sombre de la vengeance, tu m'as jeté à terre parce que je suis la lumière. Ta jalousie de ma beauté et de mon éclat fut plus grande que mon pouvoir. Mais crains-moi maintenant. Crains ma fierté courroucée et ma haine des puissants. Moi, la lumière éternelle, je ne dors pas et mes enfants que j'ai abreuvé de la lumière éternelle ne dorment jamais. Mais tes enfants, ceux qui haïssent la lumière, qui la craignent, tes enfants qui rampent à tes pieds, te servant d'esclaves, tes enfants sont fatigués de me livrer bataille.

Ils ont besoin de se reposer. Vois !

Je suis le Prince des princes, je me mêle à eux et partage leurs danses. Tu es un despote sinistre régnant sur des vers rampants. Prends garde ! Des millions des miens ont été sacrifiés à ta vengeance. J'en sacrifierai encore des millions car ces millions ne sont rien pour le seul et l'unique, pour celui qui peut en engendrer toujours plus. Tu as annihilé mes congrégations mais jamais tu n'annihileras le seul et l'unique, celui qui peut engendrer des milliers de congrégations. Prend garde et crains ma vengeance !"

Gustave Doré - *'Le Paradis Perdu' de John Milton,* 1860

L'Émergence de L'Église de Satan

Et la vengeance de Satan arriva. Il s'enterra dans la terre et la terre fut possédée. Vers l'an 1000, le peuple commençait à se désespérer de Dieu. De nombreux signes et miracles se manifestèrent alors sur terre. Les armées d'Otton le Grand virent le soleil s'éteindre et devenir jaune safran. A Rome, le Diable visita le Pape Sylvestre V en personne. Les saisons de l'année semblaient inversées. Il neigeait en été et de lourds orages éclataient en plein milieu de l'hiver. "Le Feu Sacré" dévorait les chairs du peuple à les faire se détacher des os en lambeaux gangréneux. La terre était en pleine démence et les hommes devenaient des bêtes.

La famine affligeait le monde entier, et chez eux les gens commençaient à dévorer les cadavres. La faim de chair humaine devint une manie. Les gens se détournaient de la viande animale, ils n'en voulaient même plus. Les humains devaient manger les humains, comme Satan vengeur le voulait. Ils se jetèrent d'abord sur la chair des enfants, puis celle de ceux qui tombaient sur les bas-côtés fut rôtie, jusqu'à ce qu'on ose enfin ouvertement vendre de la chair humaine en public. [Glaber, Annales Altahenses maiores.]

Des hordes innombrables de loups sortirent des bois et dévorèrent ceux qui étaient encore vivants. Une grande peur régnait que la terre se dépeuple. Les prélats et autorités des villes se réunissaient et élaboraient des plans afin que les plus forts puissent survivre pour éviter que le monde ne s'éteigne.

Les hommes cherchaient en vain à se réconcilier avec Dieu. En vain, juraient-ils la "Treuga Dei" (Paix de Dieu) avec leurs pires ennemis. En vain, les rois, parés de couronnes et de sceptres, prononçaient des prières désespérées avec leurs enfants de chœur ; tout ceci en vain.

Si Dieu ne leur venait pas en aide, Satan les entendrait ! Les gens commencèrent à se moquer de Dieu. Ils piétinèrent les hosties consacrées, son corps, dans la saleté et le fumier, ils crachèrent sur le plus saint des symboles. Satan commençait à récolter les fruits de sa moisson. Pendant longtemps, il avait chuchoté avec ironie et mépris aux désespérés, "Vois comme ton Dieu est bon ! Ne vois-tu pas qu'il t'a déjà damné et n'en a plus rien à faire de toi ?"

"Si nous sommes tous damnés, alors plus rien ne peut nous venir en aide. Hélas ! Autant nous donner corps et âmes à Satan. Le Christ a versé son sang pour sauver l'humanité. Comment ? Le Salut ? Quelle rédemption possible quand les hommes doivent se dévorer entre eux, que la terre brûle sous nos pieds comme du fer rouge et que la peste fait tomber nos chairs de ses os ?

Mépris, triple mépris à ce Salut ! Nous crachons sur cette délivrance supposée venir après cet Enfer terrestre. Ce futur Salut n'est qu'un mensonge comme tout le reste. Qu'avons-nous à faire de promesses de Salut ici, sur cette terre ? Voyez l'Église, la sainte épouse du Christ, est devenue une putain qui se vend par d'obscènes marchandages."

En ces temps, ne pas posséder de terres pour un noble était considéré comme une vraie disgrâce. Les terres n'étaient pas à vendre. Elles étaient tout aussi indivisibles qu'une personne, et devaient le rester. Le fils ainé en héritait, mais qu'advenait-il des autres enfants ?

C'est pour cela que l'Église était là. Le temple de Dieu devint la synagogue de Satan afin que les pères bienveillants puissent faire usage de leurs viles passions pour engendrer le plus fertile des maux. Les innombrables enfants des Barons et des Ducs devinrent abbés et évêques. Le peuple fut rassemblé et forcé de choisir, ou sinon… les gens ne souhaitaient pas connaître le "ou sinon", alors ils choisirent.

Atto de Veciel raconte comment cette masse de moutons élut un petit enfant de six ans au plus haut ministère. L'enfant grimpa sur une chaise, bafouilla quelques extraits du catéchisme et fut proclamé évêque. Parfois, l'enfant oubliait les phrases, et une colombe venait soudainement se poser sur sa tête et aidait les gens à choisir. Voyez ! Voilà qui était encore plus auspicieux ! Le Saint Esprit lui-même avait choisi. A la même époque, les dignes successeurs de Saint Pierre scandalisèrent le monde entier. Deux femmes prirent deux papes pour amants. Le fils d'un juif et un garçon de douze ans

décidaient de l'avenir du christianisme.
Le père des péchés était satisfait. Il savait maintenant que son règne était établi. L'Église avait fait le point.
"Réformez l'Église !", hurlait le monde entier.

Le pape Grégoire VII commença la réforme. La Femme, toujours et encore elle, c'était la femme qui devait être détruite au sein de l'Église. Avec un zèle sauvage le pape fanatique proclama l'obligation du célibat. Il était lui-même moine, et incita d'autres moines contre les prêtres séculiers. Les moines lancèrent leurs torches brûlantes aux foules et une horrible terreur commença. L'instinct destructif du peuple, cette bête éternellement affamée, allait être lâchée sans bride.

Y avait-il eu une meilleure opportunité pour le peuple de se venger des sangsues qui les avaient persécutés de façon bien pire que les seigneurs des châteaux ?

La population se jeta sur les prêtres qui, anéantis de désespoir, refusèrent d'abandonner leurs épouses. On les éloigna des autels, ils furent battus, mutilés et réduits en pièces dans les cathédrales. Le peuple les piétina, les souilla et cracha sur ces choses qu'ils avaient, encore récemment, vénérées comme sacrées.

Ils buvaient le vin béni après l'avoir mélangé à de l'urine, et dispersaient la sainte hostie aux quatre vents. Le pouvoir du prêtre était anéanti. Le peuple ne les considérait plus comme des représentants de Dieu. Ils n'avaient plus aucun pouvoir ni autorité. Les moines et le pape régnaient sur le monde.

Dunstan permit la mutilation de la concubine du roi anglais. Le Pape Grégoire VII récompensa un abbé en lui donnant un diocèse après qu'il eut fait castrer un moine. Le théologien Manegeld proclamait ouvertement que les prêtres mariés devaient être tués.

La nature était violée : l'Église repoussait la femme avec dégoût, comme un animal impur, un serpent de Satan, la mort éternelle incarnée. Le fanatique Pietro Damiani parcourût la France et dans sa démence renouvela dans ses innombrables serments ses attaques sur la femme.

"C'est à vous que je m'adresse, écume du paradis, amorce de Satan, poison des âmes, glaive des cœurs, huppes, bijoux, chouettes, louves, sangsues insatiables.."

Les saints docteurs déclarèrent que l'homme devait prendre ses distances avec la femme. Le monde était suffisamment peuplé et sa fin déjà annoncée. Pierre de Lombardie affirma lui aussi que le mariage était un péché, même si c'était *un péché veniel*.

L'Église en avait joyeusement fini avec la nature. Les prêtres hypocrites furent arrachés à leurs femmes et commencèrent à perpétrer d'inqualifiables obscénités sexuelles. Leur mariage dissous, ils commencèrent à s'adonner au viol et à pourvoir de cornes leur moutons mâles. Mais, comme mentionné plus haut, le célibat devint partout la norme pour le clergé.

Ensuite l'Église dut s'occuper de la logique et de la

raison. Avant cela, on avait interdit à l'homme de se préoccuper de la nature de Dieu, maintenant on lui interdisait par-dessus tout de rechercher l'application physique de la logique et de la raison.

"Chaque mot correspond à une idée, et chaque idée est l'essence de la réalité véritable. Il en résulte donc que la grammaire est logique, et que la logique est la science véritable."

C'est ainsi que la logique et la raison furent établies. Si une idée était l'essence de la réalité véritable, alors l'homme n'avait plus besoin de voir les choses physiques, ni d'en apprendre plus sur elles, ni de les observer. L'homme percevait le monde à travers ses pensées de la même façon qu'il percevait la vérité et la réalité. Tout était dans son esprit. Les idées étaient la réalité ultime !

L'homme cessa ainsi de penser au monde physique et se tourna avec enthousiasme vers les fragments d'Aristote traduits en arabe par Haroun al Rashid. Puis, ils commentèrent le pauvre Aristote et écrivirent de longs commentaires sur les commentaires. Ils mutilèrent les fragments, firent du païen un chrétien, expliquèrent comment ils prouvaient la divinité du Christ et avaient prédit son martyre. Toute la structure de la doctrine chrétienne fut alors basée sur la philosophie d'Aristote, et pensée comme son émanation.

Un écervelé d'Avicenne devint le prince des penseurs, et les deux grands docteurs de l'Église des mules stériles.

Thomas d'Aquin rumina sur la psychologie des anges tandis que Duns Scotus découvrit la merveilleuse machine à penser (*machine cogitationis*).

Si l'existence est un rêve, alors les mots sont des choses ! Magnifique ! Et mieux encore : chaque combinaison de mots représente une combinaison de choses et leur réalité. Placer des mots selon un certain ordre est appelé perception de la réalité. Cette séquence logique d'association de mots nous donne la machine à penser, nous donne la pensée sans réfléchir. C'est ce que conclut l'Église.

Satan-Philosophe, lui qui avait créé le système philosophique le plus insondable de l'Orient, lui qui se délectait des subtilités poétiques de Platon, lui qui coupa les têtes les plus compétentes du bon Dieu avec ses hérésies manichéennes, souriait avec malice et s'amusait de ce jeu d'enfant.

"Mais qu'en est-il", demanda-t-il avec un clin d'œil sournois aux docteurs de l'Église, "Qu'en est-il du fermier qui tire un cochon au marché ? Qui accomplit la traction ? Le fermier ou la corde ?"

Un siècle entier à se torturer les méninges sur cette question. Les opinions divergeaient et même les athlètes les plus compétents du non-sens ne parvenaient à résoudre le problème. La machine à penser avait détruit la pensée et la capacité de penser. L'Église soupirait de soulagement. Mais au moment où l'Église pensait pouvoir calmement et paisiblement endormir les oreilles du fermier, une terrible tempête se leva.

Abélard osa proférer une toute petite, minuscule, pensée : "L'idée n'est pas réelle. L'abstraction n'est pas la réalité."

Il avait la beauté et la prestance d'un Dieu, si l'on en croit le témoignage d'un chroniqueur de l'époque. Aucune femme en France ne pouvait lui résister. Il était extrêmement érudit pour son temps et pourvu d'une brillante éloquence. Abélard commença à parler comme un homme des hommes. Il développa et rendit populaire un fatras des plus épouvantables doctrines de l'Église et arriva à de nouvelles conclusions surprenantes qui jetèrent les anciennes doctrines aux ordures.

Anselme devait croire pour savoir. A présent Abélard devait démontrer et comprendre avant qu'il ne puisse croire. Le crime n'était plus dans l'acte lui-même mais dans l'intention. Par conséquent, il n'existait plus de péché issu de l'ignorance ou de l'habitude. Et qu'était alors le péché originel ? Aucunement un péché, plutôt une punition. Mais alors pourquoi chercher la rédemption ? C'était un acte d'amour. Dieu voulait établir la loi de l'amour et pour cette raison, il avait envoyé son fils sur terre.

Il s'agissait d'une terrible hérésie pour l'époque, mais la philosophie d'Abélard se répandit avec une rapidité inhabituelle à travers toute l'Europe. L'intelligentsia dominante de l'époque était à ses pieds. De celle-ci émergea deux papes, vingt cardinaux et cinquante évêques. Cette nouvelle philosophie ecclésiastique fit son chemin parmi la populace. Abélard enseignait sans relâche que chacun devait interpréter le divin selon sa propre compréhension. Le pouvoir spirituel de l'Église fut brisé. Tout le monde commença à discuter de choses sacrées et à tirer ses propres conclusions. Les humbles et les grands, les éduqués et les ignares, et même les enfants violaient le sanctuaire du sacré et des secrets de l'Église.

St. Bernard de Clairvaux se lamentait en dénonçant Abélard, *"Irredetur simplicium fides, eviscerantur arcana Dei, quaestiones de altissimus rebus temerarie ventilantur."*

"La foi des gens moralement simples est tournée en dérision ; les secrets de Dieu sont éviscérés et les questions concernant les mystères les plus hauts sont discutés avec frivolité."

Arnold de Brescia, le disciple le plus doué d'Abélard, s'attaqua à la papauté. Il voulait que l'Église retourne à la forme des premières congrégations chrétiennes. On écoutait ses enseignements avec un enthousiasme fervent, quand il disait que le pouvoir de l'Église ne devrait être que spirituel, comme le Christ l'avait voulu. Et pour la première fois, un cri de guerre inédit retentit "Rome doit être libérée !". Le Pape Lucius II fut tué et son successeur, Eugène III dut fuir pour échapper à la vengeance du peuple.

Les rois de Castille firent traduire tous les travaux

d'Aristote et dans son sillage vinrent les arabes et les juifs avec le panthéisme d'Averroès et les subtilités de la Kabbale. Sous la protection de l'empereur Frédéric II, les docteurs arabes osèrent, chose inouïe, ouvrir un cadavre. Et Frédéric II, débauché et athéiste, philosophe raffiné plein d'esprit demanda aux musulmans, "Mes chers messieurs, que pensez-vous de Dieu ?"

Un esprit de scepticisme et d'incrédulité saisit tout le monde, et le "Je" fut encensé avec ivresse. Être capable de prouver n'importe quoi pour ensuite le réfuter était considéré comme l'art philosophique le plus élevé. Simon de Tournay s'exclama soudainement après avoir brillamment exposé l'essence de la doctrine chrétienne :

"O petit Jésus, petit Jésus, comme j'ai élevé ta loi ! Si je le voulais, je pourrais encore mieux la rabaisser !"

Richard Cœur de Lion se déclara frère d'armes avec le Sultan Malek Adhal et lui offrit sa sœur en mariage. Henri II, roi d'Angleterre, menaça le pape de se convertir à l'Islam et le roi John charma tout le monde avec d'exquises plaisanteries sur son excommunication.

Les gens du XIIème siècle ne prêtaient pas attention à Dieu. Ils pensaient que le Christ avait régné suffisamment longtemps, et qu'il était finalement temps que ce soit au tour du Saint Esprit. Un messie après l'autre se succédèrent. Un nombre incalculable de sectes commencèrent à se former. On ne recherchait plus un Dieu extérieur. Il était en eux et s'exprimait à travers leurs bouches.

Durant ce temps de libération et d'affirmation de l'individu, qui avait été jusque-là ignoré, durant ce temps d'incrédulité et d'instincts libérés sans limite, une terrible dépression survint suite à l'échec des croisades. Dieu s'endormait pendant que Mahomet affirmait son pouvoir par les victoires toujours plus grandes des musulmans. Les troubadours chantaient des ballades mélancoliques dans lesquelles ils accusaient Dieu de les avoir trahis, parce qu'il patronnait les musulmans en les préférant aux chrétiens. Saint Louis avertit même Dieu qu'il permettrait à ses gens de rentrer en paix dans leur patrie, "pour qu'ils ne renient pas Ton Saint Nom".

L'avertissement se propagea aux 4 vents. Au lieu de mettre un terme aux terribles fléaux, il accablait l'humanité désespérée de davantage de tourments. Les gens cherchaient n'importe quelle opportunité possible pour s'éloigner de Dieu une fois pour toute, et cette opportunité se présenta.

Le Satan slave, Chernebog ou Diabol, qui régnait sur le monde aux côtés du bon Dieu en tant que principe égal du mal, se préparait à un voyage qui allait ébranler les fondations de l'Église avec des poings de fer.

Les Bogomiles quittèrent la Bulgarie en passant par Constantinople et la France et s'installèrent dans des lieux fortifiés dans le sud de la France, après que leurs troupes eurent été fortement décimées en route.

Le sud de la France resta pendant longtemps la terre

promise de toutes les hérésies. C'était le lieu favori de Satan. C'était le terrain classique de la Sorcellerie et des pratiques magiques, et c'est de là que l'épidémie de sorcellerie se répandit en Europe. Tout le sud était peuplé de juifs et de sarrazins. Les rabbins y possédaient des écoles publiques et créaient des liens entre les chrétiens et les arabes à Salerne et plus spécialement à Cordoue, le siège de la magie noire, où les arts sorciers étaient si souvent détournées à des fins criminelles : distillations, potions, onguents, les premiers instruments chirurgicaux, les chiffres arabes, l'arithmétique et l'algèbre.

Au même moment, les enseignements cabalistiques des Juifs avaient une influence considérable sur les gens à l'esprit non chrétien. Dans les grimoires d'Asmodée, on trouvait d'excellents sorts pour conjurer S'maäl (le Samiel des contes germaniques) et le soumettre au service du Malin. Naturellement, il s'autorisait exclusivement à être au service du mal. Dieu lui avait donné un grand pouvoir, et ses serviteurs, les *Satanim*, vivaient continuellement en l'homme et le tentaient.

Ici, à la frontière entre la culture européenne et la bien supérieure culture mystique de l'Orient, l'ancien Manichéisme se rétablit sous une forme nouvelle. C'est de là que Satan commença sa campagne triomphante à travers toute l'Europe.

Contrairement à la doctrine de l'Église selon laquelle le bien était le seul substantiel, et que le mal était fondamentalement une absence de bien, une exception accidentelle, auto-infligée et incommensurable, les nouveaux Manichéens, les Cathares, enseignaient que le mal était aussi substantiel que le bien, tous deux en opposition éternelle, et tout aussi essentiels, et que cette opposition remontait aux racines les plus profondes de l'existence et se prolongeait jusqu'à Dieu.

Par conséquent, le Péché n'était pas une dette ; ce n'était pas le résultat du libre arbitre, mais plutôt le travail du Dieu Sombre. Le péché n'existait pas, car les mauvaises actions étaient accomplies en vertu de la volonté divine. Il n'existait par conséquent pas de punition pour le péché, la damnation éternelle était une invention insensée. Les sacrements de pénitence et de communion étaient invalides et ridicules car regretter une mauvaise action était aussi inutile "que si un chien mordait une pierre", comme le disait Nietzsche.

Nous voilà en plein Satanisme !

Mais comme ils avaient divisé Dieu en deux parts, le bien et le mal, ils divisèrent aussi l'être humain en deux : le physique et le spirituel. Les hommes appartenaient au Dieu Sombre par leur corps et au Dieu de Lumière par leur esprit.

Puis vint une double division au sein de cette secte : ceux qui choisissaient le Dieu de lumière vivaient selon un code de conduite incroyablement stricte et un ascétisme mortifiant. Ils étaient les fanatiques, et ceux qui permirent aux sectes de se propager. Ils étaient vénérés comme des saints et avaient le pouvoir de purifier une personne au moment de la mort par une simple apposition des mains, et pouvaient ainsi favoriser le mort au bon Dieu.

Les autres, de leur côté, ceux qui adoraient le mauvais Dieu, formaient des organisations secrètes et célébraient des mystères sombres et charnels dans les forêts, les grottes et au sommet des montagnes.

Dans un sens, l'opposition entre le christianisme et les cultes païens se répétaient au sein de la secte. Mais cette fois, l'opposition était requise et sanctifiée par leur doctrine.

En pleine possession des techniques magiques orientales, les "Parfaits", ou Perfecti, effectuaient d'étranges miracles, et leur secte se répandit rapidement. Un millier de sectes plus petites se formèrent, prêtes à démanteler et anéantir la foi chrétienne sous le nom de Cathares. Des sociétés secrètes se formèrent avec pour seul objectif de poursuivre des desseins obscènes. Peu à peu la philosophie spéculative au cœur du manichéisme se perdit mais l'élément principal qui unissaient toutes les sectes perdura ; le seul point sur lequel toutes les sectes étaient d'accord était leur haine sauvage et fanatique du dogme chrétien. Cette haine se développa au point de devenir une passion.

Le Dieu de l'Ancien Testament en particulier était méprisé. Ce Dieu était un infâme esprit maléfique. Il savait qu'Adam et Eve allaient mourir à cause de l'arbre de la connaissance, alors pourquoi les avait-t-il laissés en manger ? Il mentait aussi parce que nos ancêtres ne sont pas morts finalement ! C'était un vulgaire assassin. Le coupable et l'innocent furent tous deux autorisés à périr misérablement à Sodome et Gomorrhe, etc…etc...

Les chrétiens disaient que le bon Dieu avait souffert la mort sur terre sur la croix. C'était un sacrilège. Comment Dieu pourrait-il souffrir, et comment pourrait-il même revenir sur terre quand la terre faisait partie de lui ? Comment un Dieu pourrait-il boire et manger comme le faisait le Christ ? Et que dire du mythe concernant son corps, que les chrétiens consomment encore aujourd'hui ? Même si son corps était aussi vaste que les Alpes, il devrait maintenant avoir été consommé depuis longtemps. Et le péché ! Ha, ha, en quoi les glandes sexuelles sont-elles différentes des glandes de l'estomac ? Est-ce que nous péchons quand nous mangeons ou buvons ? Comment pouvons-nous pécher en procréant ? *"Nemo potest peccare ab umbilico et inferius!"* (Personne ne peut pêcher depuis le nombril et en dessous).

La haine des Cathares pour l'Église était terrible. Rome n'était qu'un repère de meurtriers, Rome était la putain apocalyptique dont parlait le Livre des Révélations… En cela, ils n'avaient peut-être pas tout à fait tort. Ils ridiculisaient les prêtres et les tuaient quand ils pouvaient les capturer. Ils utilisaient les symboles saints à des fins obscènes, et une grande partie de leur rituel n'était qu'une parodie du culte catholique.

Durant leurs assemblées, leur parodie de la Messe, le Sabbat, était déjà complètement défini, jusque dans les moindres détails. Dans le Sabbat ultérieur, peu d'éléments furent rajoutés, à l'exception possible d'un plus haut niveau d'extase provoquée par la consommation de substances soi-disant narcotiques.

Lors de son admission, le novice devait dénoncer les croyances catholiques, cracher sur la croix, renoncer au baptême et à l'extrême onction. Ensuite la congrégation l'embrassait et ils posaient leurs mains sur sa tête.

L'Église était désemparée face à l'essor fulgurant de cette secte. Parfaitement organisée, elle disposait d'un pape puissant à Toulouse et tenait concile à Syon. Les habitants du Languedoc tourmentaient les prêtres, les ridiculisaient quand ils disaient la messe, déchiraient leurs vêtements et habillaient leurs femmes avec.

Leur plus grand des plaisirs cependant était de jeter l'hostie dans le fumier, briser les jambes du Christ, et le souiller des pires immondices.

"Hugofaber iuxta altare purgavit ventrem et in contemptum Dei cum palla altaris tersit posterior sua".

"L'Hugofaber s'empara de la toile sanctifiée de l'autel et la frotta sur son ventre pour insulter un Dieu qui n'était pas le sien." rapporte une chronique sur l'un de ces fanatiques.

Alors, une croisade fut planifiée contre ces hérétiques. Saint Dominique, le créateur de la Sainte Inquisition, fut chargé de la campagne. Lui, l'infatigable larmoyant capable de pleurer des fleuves de larmes quand il priait, devint l'un des plus épouvantables exécuteurs que l'histoire ait connu. A la tête de la croisade contre les Cathares se trouvait Simon de Montfort, le plus chrétien de tous les princes, qui pour le reste étaient presque tous cathares.

C'est alors qu'un abominable massacre commença.

Pendant la conquête de Béziers, 60 000 personnes furent exécutées. Peu importe qu'ils soient Chrétiens ou Cathares.

"Caedite omnes, novit enim Deus, qui stunt eius!" ("Tuez-les tous, Dieu reconnaitra les siens !") hurlait l'abbé de Cîteaux quand on lui demanda si les chrétiens devaient être épargnés.

Il confessa au Pape Innocent III qu'il n'avait été capable d'en éliminer que 20 000. Quand les habitants prirent la fuite dans les montagnes et les bois, seule Carcassonne résistait encore. Mais personne n'osa défendre Carcassonne, des centaines furent pendus et cinq cents d'entre eux furent brûlés.

Les Albigeois se dispersèrent et se réfugièrent dans les forteresses des nobles. Mais ces denières capitulèrent les unes après les autres et l'Église permit à la mansuétude du sauveur de briller dans sa toute sa gloire.

Lors de la conquête de la forteresse de Minerve on promit à ceux qui se repentiraient d'avoir la vie sauve. Pourtant, ils furent tous brûlés.

"S'il ment il n'aura que ce qu'il mérite, s'il veut réellement se convertir, le feu expiera ses Péchés !"

C'était la formule la plus courante utilisée dans cette procédure bien trop répandue.

Les chevaliers de l'Esprit Saint étaient assassinés, pendus, brûlés, écartelés sur la roue, pas seulement quelques individus, mais des centaines et des milliers de personnes.

Ce fut fait à Lavours à quelques centaines "avec une joie extrême". Douze milles à Marillac et à Toulouse *avec une joie indicible*. Le sud tout entier fut ravagé et pas une seule pierre ne resta debout. Les forteresses furent démolies, les comtes et barons pendus ou brûlés, et les nobles dames lapidées, par galanterie.

L'Église pensait qu'elle avait triomphée. Mais Satan ne s'était jamais senti aussi fort qu'à ce moment-là. Seule la forme extérieure de son Église avait été détruite, mais que signifie la forme visible pour lui ? Les hommes lui restaient loyaux dans leurs cœurs. Ils rampaient dans les catacombes souterraines, se cachaient dans les vallées des montagnes, jamais auparavant ne l'avaient-ils adoré avec autant de ferveur et de perfidie qu'après l'hécatombe anti-chrétienne de Toulouse.

A peine le dernier Albigeois brûlant sur le bûcher avait-il exhorté son blasphème vénéneux à l'encontre du jeune imberbe (Jésus), que la nouvelle prêtresse de Satan montrait fièrement et avec force son terrible visage, sous les traits de la Sorcière.

D'abord, il s'agissait de préparer minutieusement le terrain. Le maximum de graines toxiques devait germer afin de s'assurer que l'épidémie puisse se répandre aussi vite que possible.

Une ancienne allégorie rapporte qu'un jour Satan décida de prendre une femme pour accroître les siens. Il coucha avec Impiété et conçut sept filles avec elle. Quand elles furent en âge, il les maria à l'humanité. L'ainée, Orgueil fut offerte aux puissants de la terre, Avarice fut offerte aux riches, Infidélité aux gens ordinaires, Hypocrisie aux prêtres, Envie aux artistes (à l'époque il n'y avait pas de critiques) et Vanité fut offerte aux femmes. Seule restait la septième fille, Fornication. Satan ne voulait offrir sa fille préférée à personne en particulier, aussi il la partagea avec tous afin que chacun puisse s'en délecter.

Il semble qu'à aucune époque la progéniture de Satan ne fut exaltée avec autant d'entrain qu'à la fin de l'hystérique 13ème siècle.

L'épilepsie hystérique était alors un fait commun, autant que la tuberculose l'est aujourd'hui. Pratiquement tout le monde était un peu lépreux, et l'avidité extraordinaire du lépreux pour la gratification sexuelle est bien connue. Les succubes et incubes détruisaient les gens au sang faible. On pouvait voir partout des femmes qui soudain tombaient, soulevaient leurs jupons et commençaient à se donner du plaisir. Cette hystérie sexuelle était aussi nourrie par la théorie albigeoise alors profondément enracinée dans la pensée populaire : *Nemo potest peccare ab umbilico et inferius* (Personne ne peut pêcher depuis le nombril et en dessous).

Ce furent notamment les prêtres qui, serviteurs éternellement insatisfaits de Dieu, firent un usage plus que généreux de cette théorie et la développèrent encore davantage en transformant les cloîtres en repaire de pestilence.

"Tuer le péché par le péché !"

C'était le grand principe à l'origine des orgies sexuelles des prêtres, la négation de l'individu et la mort de la volonté ! Ceux qui se sacrifiaient devenaient si divins qu'ils ne pouvaient plus commettre de péchés. La partie supérieure du corps était devenue si divine qu'elle ne savait plus ce que faisait la partie inférieure.

Les prêtres allèrent même plus loin. Ils enseignèrent que pour le saint, tout acte était sacré. Le prêtre sanctifiait les femmes qui péchaient en sa compagnie. Cette croyance était tellement commune que les gens en Espagne et en France appelèrent les nonnes "les consacrées", ce qui signifiait qu'elles étaient connues pour être les maitresses des prêtres.

Sous l'influence de cette doctrine, l'Église dut faire face à un effondrement total. Dans son journal sur les visitations, le franciscain Eude Rigaud rapporte la preuve de terribles corruptions au sein des monastères. Et les rapports de Saint Bertin débordent de faits si choquants sur la vie monastique qu'en comparaison la sodomie, si répandue au Moyen Âge, semblait être un jeu innocent.

L'Église était infiniment méprisée, moquée et bafouée, mais le coup fatal lui fut donné par Philippe Le Bel. Cela détruisit à la racine le peu d'autorité que l'Église avait encore sur le peuple.

Au milieu du peuple affamé, à une époque où les monarchies s'effondraient par manque d'argent et où les rois se faisaient faussaires, l'Église seule disposait d'une immense fortune. En Allemagne, l'évêque était également prince et pouvait soulever les armées, en Angleterre, l'Église possédait la moitié des terres du pays, et en France, c'était la même chose.

Confisquer à l'Église devint une idée populaire. Edward Ier incita ses soldats à s'opposer aux prêtres et interdit aux juges d'accepter leurs plaintes. Philippe le Bel exigea un dixième de leur revenu colossal.

Sur le trône de St Pierre, siégeait à ce moment-là un avocat parjure qui s'était fait une bien mauvaise réputation par ses pratiques douteuses. C'était un athéiste sauvage qui insultait l'Église par des blasphèmes immondes et appelait Le Pape Boniface VIII *le père très fécond*.

L'Église pouvait être méprisée et moquée autant qu'on le

voulait, et même le Pape le faisait, mais exiger un dixième de son revenu, ça non, ce n'était pas envisageable. Le Pape publia bulles après bulles à l'encontre de Philippe le Bel. En réponse, le Pape reçut un message de Nogaret, chancelier du roi, qui contenait entre autres les perles suivantes : *"Sedet in cathedra beati Petri mendaciorum magister, faciens se, cum sit omnifario maleficus, Bonifacium nominari."* ("Il siège sur le trône de St Pierre, le maître des mensonges, se faisant même sorcier, le nommé Boniface.")

Le pape rageait. Nogaret et Sciarra Colonna se rendirent à Rome pour remettre leur réponse en personne. Le vieil homme de 80 ans fut insulté, raillé par les mots les plus offensifs, et quand il osa parler, le représentant du Christ fut giflé au visage du gant de fer de Nogaret.

C'en était trop pour le peuple. Cela libéra le pape qui entre-temps avait perdu la raison. Le pape accorda au peuple l'absolution de tous ses péchés, sauf du sacrilège d'avoir volé l'Église, et mourut possédé par le Diable.

"Tu monteras sur le trône comme un renard, tu règneras comme un lion, et tu mourras comme un chien" dit de lui son prédécesseur le Pape Célestine.

L'Église sombra encore plus profondément. Bénédicte XI, le successeur de Boniface, émit une lettre furieuse d'excommunication le 7 juin. Il mourut le 4 juillet suivant. Sa mort livra l'Église au pouvoir de Philippe Le Bel. Philippe nomma pape l'archevêque de Bordeaux, Bertrand de Gott, sous des restrictions très strictes auxquelles il devait jurer allégeance.

Le nouveau pape, Clément IV, commença son glorieux règne par un voyage d'inspection durant lequel il vola et pilla tout ce qu'il put, et ruina l'entière congrégation des clercs français. Sa maitresse, Brunissende Talleyrand du Périgord, lui coûta plus que toutes les croisades réunies.

Mais le dixième de la fortune de l'Église que le pape Clément avait laissé à Philippe ne suffisait pas au roi. Le pape lui fit le tarif juif. L'opération fut vite accomplie. Protégé par le pape, le roi abaissa le poids des pièces de monnaie et augmenta leur valeur. Une confusion jamais égalée jusque-là survint et une révolte s'en suivit durant laquelle le roi pendit des centaines des protestataires les plus véhéments en poste à Paris.

Mais ce que le pape avait offert de la fortune de l'Église n'était pas suffisant. Le roi en voulait toujours d'avantage. Le Pape Boniface fut mis en jugement accusé d'hérésie. Ce fut une action fatale. Si Boniface était un hérétique, alors ses cardinaux l'étaient aussi. Et Clément avait été choisi parmi eux, aussi son élection serait révoquée.

Clément se recroquevilla comme un serpent. Il chercha à se rétribuer les faveurs du roi en élisant de nouveaux cardinaux, ainsi l'élection des futurs papes serait sous le contrôle du roi. Il retira le décret de Boniface qui reprochait toutes sortes de sacrilèges au roi. Il fit du fils de Philippe le roi de Navarre et de son frère Charles de Valois le chef des croisés.

Mais ce n'était toujours pas suffisant ! Le procès à l'encontre de Boniface fut reporté, mais le pape devait livrer l'Ordre des Chevaliers du Temple au roi.

La destruction de cet ordre, le procès de Boniface VIII et la corruption grossière des papes d'Avignon, jeta le peuple dans une rage terrible.

Satan, qui avait tout d'abord exprimé son œuvre à travers les Magiciens et vivait au sein de quelques sociétés secrètes, devint le Dieu unique. Les traditions manichéennes vinrent largement à maturité et leur pouvoir atteignit des hauteurs incommensurables.

Ce qu'on ne pouvait obtenir de Dieu, on le demandait à Satan. Dieu avait retenu ses formidables présents pour l'après-vie : il ne pourvoyait rien en ce monde, à part des tourments.

Mais Satan, lui, pouvait aider. Lui seul pouvait donner le pouvoir au faible, honorer le méprisé, venger l'affligé et rendre l'amour aux amoureux. Lui seul était le Père et le Dieu du pauvre, du dupé et du méprisé.

Il était présent partout, dans chaque maison, il venait à la rencontre des gens à chaque détour. Il était même vendu dans des bouteilles scellées sur la place du marché et en un rien de temps il avait accru fabuleusement ses légions.

Selon Bodinus, l'Enfer comptait un total de 72 princes et 7,405,926 démons ordinaires.

Les accusations n'en finirent pas de pleuvoir. L'évêque de Troyes, Guichard, aurait maudit la femme de Philippe grâce à une statuette de cire dans laquelle il avait planté des ongles. Il fût brûlé vif sur le bûcher. La belle-fille de Philippe, Marguerite, fut accusée de sorcellerie et jetée dans une fosse souterraine. Sa seconde belle-fille, Jeanne, fut étranglée, et la troisième, Blanche, violée et engrossée par l'assistant du bourreau alors qu'elle était enfermée dans un donjon.

Une série de crimes monstrueux suivit. La femme du roi fut empoisonnée ; quant à Phillipe le Bel, il fût lui aussi empoisonné par ses ministres et le Comte de Flandres, par son propre fils.

Et tout cela se passa sous le règne du fils de Philippe, Louis X.

Enguerrand de Marigny fut pendu car sa femme voulait envoûter le roi. Pierre de Latilly, évêque de Chalons, fut brisé sur la roue car il avait probablement causé la mort de Philippe par sorcellerie. Même chose pour Raoul de Presles, *advocatus praecipuus* (un avocat), dont tous les os furent brisés sous la torture.

C'étaient là des temps glorieux !

Satan se frottait les mains de l'excellente récolte. Isabeau, fille de Philippe le Bel, arracha les yeux de Spencer, l'amant de son mari, le roi Edward II d'Angleterre. Elle se réjouit du spectacle lorsqu'il subit l'obscène opération. Mais comme cela ne suffisait pas, et que le roi n'était pas capable d'abandonner son homosexualité, elle reçut la réponse pythique suivante à sa demande adressée à l'évêque de Hereford sur ce qu'elle devait faire concernant le roi : *Edwardum occidere nolite timere bonum est.* Comme l'évêque n'avait placé aucune virgule dans la phrase, la reine plaça une virgule après *occidere,* au lieu de *nolite,* (N'aie pas peur de tuer Edward, c'est bien) le roi fut alors insidieusement assassiné par les acolytes de sa tendre femme... Et ce ne sont que quelques exemples !

L'or, disait Christophe Colomb dans une lettre à Ferdinand suite au quatrième voyage de Colomb, est une chose extraordinaire. Des trésors sont créés grâce à l'or. On peut faire tout ce que l'on peut souhaiter au monde grâce à l'or. Avec l'or, les âmes ont même accès au paradis.

Oui ! On avait besoin d'or ! Et vers l'année 1300, l'or devint le nouveau Dieu. L'Église en fit une substance morte, elle en fit des croix, des reliquaires et des calices. Les gens importants utilisaient l'or pour créer des bijoux et des objets de luxe, jusqu'à ce qu'il n'y ait tout simplement plus d'or du tout. Richard Cœur de Lion voulut même vendre Londres, mais plus personne n'avait d'or : Tout le monde se ruait à la quête de l'or. Raymond Lully, Nicolas Flamel et Helmont semblaient avoir réussi à fabriquer de l'or, mais celui-ci s'évaporait continuellement.

Le peuple en particulier, devait avoir de l'or à tout prix. Le prince de la terre en avait, l'amassait et le distribuait aussi, mais en échange il voulait posséder leurs âmes. Et bien, c'était pour eux fatal.

Mais les juifs avaient de l'or ! Les juifs, ces bêtes impures liées au Diable, savaient où se trouvait l'or. Alors, on attaqua les juifs, on les brûla et les vola, mais leur or ne suffisait pas. Rien n'y faisait, aussi les gens durent se tourner vers le Diable.

Et l'or devint le véritable Antichrist. Satan s'était transformé en or et avait fait de l'Église une putain vénale et du gouvernement une bande de faussaires. Des juges il fit des canailles, des prêtres des profiteurs sans pudeur, des femmes les plus vertueuses il fit des prostituées et les convictions les plus honnêtes devinrent les plus infâmes dépravations.

Les Templiers avaient de l'or mais ils furent anéantis, l'Église avait de l'or mais on lui confisqua, les juifs avaient de l'or mais ils furent brûlés.

Les nobles, désespérés par la faible valeur de la monnaie, se jetèrent sur les paysans et leur prirent tout ce qu'ils possédaient, et quand ils n'avaient plus rien, on leur brûla les pieds avec des braises incandescentes. Bien sûr, les paysans avaient enterré leur or, parce qu'ils ne voulaient pas s'en séparer.

Et le peuple, fou de désespoir, s'adonna à des actes bestiaux en commettant les outrages les plus grossiers, et fut une fois de plus plaqué au sol.

A l'époque de Louis le Pieu, des hordes de paysans pillaient et tuaient dans toute la France. Ils massacraient les prêtres et souillaient les sacrements, toujours la même chose encore et encore ! Jusqu'à ce qu'ils soient dispersés et anéantis, *"quasi canes rabidi passim detruncati"* ("massacrés comme des chiens enragés") comme disait Nangis avec une sinistre satisfaction.

Une génération plus tard, une nouvelle révolte des paysans éclata. Elle fut écrasée à nouveau et les paysans furent pendus après d'horribles tortures : *"illic viginti, illic triginta secundum plus et minus suspendens in patibulis et arboribus"* ("Vingt ou trente, plus ou moins, pendaient aux potences et aux arbres.")

La pire et la plus violente des révoltes survint dans le Languedoc. En 1381, les paysans attaquèrent les nobles et les prêtres. Ils s'amusèrent plutôt bien avec les prêtres. Pierre de la Bruyère, le chef des insurrections, fit couper leurs doigts et scalper leurs tonsures, avant de les faire brûler à petit feu. C'était terrible : *"L'on craignoit que toute la gentilesse ne périt !"* disait Froissart. Les paysans rendaient la monnaie de leurs pièces aux nobles pour des siècles de tourments, pour toutes les violences subies amenées par leur faim et leur vampirisme.

Une fois de plus, le peuple fut écrasé avec la bestialité la plus immonde. Mais les nobles étaient un peu plus raffinés dans leurs tortures que les paysans ne l'avaient été. Les paysans devaient se donner au Diable. Lui seul, avait de la compassion à leur égard, lui seul leur permettrait de trouver quelques heures de bonheur, lui seul leur donnerait les moyens de se venger des nobles qui ne les considéraient même pas comme des humains.

Car les tourments infligés aux paysans par les nobles étaient nombreux, aussi devaient-ils bien les acquitter d'une portion de leurs péchés durant leur vie sur terre.

Le fameux Hugo de Guisay rendit populaire l'idée de donner des coups de pieds aux paysans et de les faire aboyer comme des chiens.

Un autre passe-temps traditionnel était de jeter un paysan dans un tonneau normalement utilisé pour préparer la pâte. Ils renversaient ensuite le tonneau et trainait sa femme sur le tonneau pour la violer. Et c'était encore plus drôle si un enfant était présent. Ils attachaient alors un chat à sa jambe avec une corde et plus l'enfant criait, plus le chat devenait sauvage.

Et maintenant imaginez la scène : Le paysan rampe hors du tonneau couvert de farine, aussi ridicule qu'un clown, sa femme pleure et tremble de tous ses membres, et l'enfant est recouvert de sang, déchiqueté par le chat !

Ius primae noctis (le droit à la première nuit) était une bonne invention pour distraire les nobles de leur ennui. En termes de plaisir sexuel, les nobles étaient plutôt blasés, aussi, le divin spectacle était d'observer la détresse du cocu. Et s'il se débattait, mon Dieu, comme ses cris étaient désopilants quand on le frappait. Et s'il ne se calmait pas après ça, il était pendu. Telles étaient les trois plaisirs principaux des nobles. Le premier les faisait rire, le second pleurer de rire, et pour le troisième, les grimaces du pendu les remplissaient de joie.

Et pour tout cela, le peuple devait craindre la loi divine !

Puis vint le moment où il apparut que l'humanité entière allait perdre la raison. Un bon quart de l'Europe périt de la peste qui éclata en 1347 et sévit pendant 16 mois. Après la peste, vint la famine, les gens mangeaient la vermine et les chiens, *"chairs et trippes"*. Puis une autre épidémie suivit, puis une nouvelle famine. Les gens erraient sans but, plus personne ne travaillait, ils attendaient la mort, tourmentés par un implacable désespoir.

"Fuyons" (disait le Journal des Bourgeois). Les gens des campagnes criaient : *"aux bois avec les bêtes fauves. Adieu les femmes et les enfants. Faisons le pis que nous pourrons. Remettons nous en la main du Diable."*

Huit cents flagellants atteints de folie parcouraient la France, la population entière était infectée par la peste épileptique et commençait à danser, et comme elle faisait face à une mort certaine, une frénésie orgiastique s'ensuivit qui détruisit toute inhibition.

La population démente, était gouvernée par un roi fou. En France, le pauvre Charles VI avait perdu tout ce qui lui restait d'esprit en participant à des orgies sauvages à la cour papale d'Avignon. En Bohème, l'Empereur Wenceslaus que personne n'avait vu sobre était aussi un fou furieux en présence de qui personne ne pouvait être certain de rester en vie. Au Portugal, le sinistre maniaque Dom Pedro perdit lui aussi la raison, de désir pour sa femme morte. Le Pape Benoît fut relevé de ses fonctions et les romains rageaient face au faux pape Boniface.

Les gens renonçaient aux joies du ciel mais dans leurs orgies extatiques ne pouvaient oublier la souffrance de leur cœur.

"Rien ne m'est plus, plus ne m'est rien !" Ces mots désespérés de la veuve du Duc D'Orléans, assassiné, semblait être la devise de tout un siècle.

Il n'y avait plus de roi et, pire encore, plus de pape non plus. Pierre aux Bœufs lut les missives royales à la foule de Paris, expliquant qu'à partir de cet instant, ils n'avaient plus à obéir à aucun des papes. Les ambassadeurs du pape étaient trainés dans les rues, couronnés d'une tiare papale, tandis que la foule les ridiculisaient. Pour la plus grande joie du peuple, un moine cria : *"quod anum sordidissimae omasariae osculari mallet quam os Petri."* ("Il vaut mieux embrasser le derrière d'une vieille femme que la bouche de Pierre !").

Les pratiques magiques occupèrent alors une place d'honneur incroyable. Satan était populaire et tous les arts sorciers profitaient de grandes faveurs. Les maîtressorciers de toutes les nations se réunissaient devant le palais du roi, et conjuraient des démons par lesquels le roi se retrouvait possédé. Les herbes les plus étranges apportées en Europe par les gitans étaient préparées dans des chaudrons géants. Le pauvre roi lisait la Table d'émeraude avec grand plaisir. Des perles étaient limées et de la poudre coûteuse était donnée aux Magiciens afin qu'ils puissent apaiser le Diable. La population entière, y compris le clergé, participait avec enthousiasme à ces conjurations. Nicolas Flamel fit construire de gigantesques laboratoires afin de produire de l'or, en plein Paris, près de l'Église Saint Jacques. Les mélangeurs de poisons firent des affaires glorieuses à la cour des ducs tandis que le peuple dansait lascivement au sommet des montagnes en l'honneur du glorieux Prince des Ténèbres.

Les gens ne craignaient plus Satan, ils l'aimaient. Ils l'imitaient jusque dans leurs vêtements. Les femmes portaient des cornes sur la tête et montraient sans honte leurs seins et dévoilaient lascivement leur ventre nu.

Les vêtements des hommes taillés près du corps, comme des bas étaient brodés de signes magiques. Leurs bottes se terminaient en pointes griffues et leur organe sexuel était recouvert d'une simple poche de façon à le rendre aisément visible.

Les chaises des femmes avaient la forme de bancs d'Églises et leurs lits celle d'un confessionnal. Elles s'habillaient d'étoffes précieuses ressemblant aux soutanes des prêtres.

Le temps était venu. En un instant, les puissantes sectes des adorateurs de Satan s'érigèrent et prospérèrent magnifiquement. Depuis la France, elles s'essaimèrent dans le monde entier et ne cessèrent de croître. Il n'y avait pas un village qui n'ait sa congrégation satanique dédiée au crime et qui ne célébrait d'ignobles orgies en l'honneur de Satan la nuit venue.

Gustave Doré - *'Le Paradis Perdu' de John Milton*, 1860

Le Culte de l'Église de Satan

En une triste résignation, les Cathares se résolurent au fait que la matière était maléfique, que tout ce qui était le fruit d'une évolution, et qui devait son existence à l'activité sexuelle et la reproduction, appartenait au Prince des Ténèbres.

Le peuple partageait entièrement cette opinion. L'Église elle-même avait en fait diabolisé le monde par sa haine de l'instinct et de la nature et le peuple ne comprenait rien aux idées pleines de subtilités avec lesquelles l'Église tentait de sauver quelques libertés morales. Les théorèmes sur le mal n'étaient que de simples dénis pour les gens du peuple ; tout sophisme sur le péché, sa cause et son origine leur semblait étranger. Tout cela était perçu comme les affaires internes de l'Église sur lesquelles quelques rares pères de l'Église exerçaient leurs esprits. Pour le peuple en général, et pour l'entière pratique du christianisme, il existait un dualisme entre ce qui était mondain et ce qui était céleste. Ce qui était mal en soi, et ce qui était bien.

Et que le mal soit devenu le mal au cours du temps, ou qu'il exista depuis le début en tant que principe secondaire, personne n'en avait rien à faire.

Les gens du Moyen Âge n'avaient pratiquement aucune

connaissance de Dieu. Il apparaissait représenté dans des sculptures durant la deuxième moitié du 13ème siècle, généralement aux côtés de son fils, que les théologiens avaient abandonné. Le Moyen Âge lui ne connaissait qu'une religion, qu'une peur, qu'un espoir, et c'était Satan.

Les démons du mal menaçaient les gens de toutes parts "comme si quelqu'un était immergé dans la mer, avec de l'eau au-dessus et en-dessous". Parfois, ils les encerclaient "comme un dôme si compact qu'il n'y avait pas d'espace entre eux". "Les multitudes démoniaques sont semblables aux atomes du soleil ; dans chaque recoin de l'existence un démon se cache. Les humains ne sont jamais protégés d'eux, à aucun endroit, à aucun moment. " disait l'abbé Cistercien Richalmus (1220).

Satan était l'unique véritable gouverneur de la terre et de l'humanité. Il n'était pas un serviteur, ni un "singe" de Dieu, comme l'appelait haineusement Irénée de Lyon. Il était plutôt un Dieu depuis l'origine du cosmos dont la sphère d'influence portait aussi loin que le Dieu immaculé de lumière, parce que c'était lui qui enseignait aux enfants de la lumière à rentrer dans des états extatiques et à faire surgir des stigmates. C'était Lui encore qui donnaient aux saints l'idée de neutraliser le miracle du mal par le moyen d'un "choc en retour" (lien magique). Lui seul était le père de la vie, de la procréation, de l'évolution et de l'éternel retour.

Ce n'était pas le mal, mais plutôt le bien qui était une "négation". Le bien était une négation de la passion, à l'origine de toute chose, car chaque passion possédait son aspect démoniaque. Le bien était la négation de la vie, car toute vie était le mal.

Satan était tout ce qui était positif, l'éternel en soi. Il était le Dieu de l'intelligence ; il gouvernait le domaine infini des pensées qui renversait en permanence la loi et brisait ses tablettes. Il stimulait la curiosité d'expliquer les principes occultes, d'interpréter les runes de la nuit ; il encourageait le criminel à détruire le bonheur de milliers de gens pour que quelque chose de nouveau puisse naitre ; il incitait les désirs maléfiques qui malmenaient la terre dans un appétit vorace pour de nouvelles conditions d'existence, il rapprochait les distances les plus éloignées, trainait le ciel sur la terre, et faisait trembler les royaumes terrestres en un coup de dés.

Persécuté, anéanti, il renaissait toujours de ses cendres, plus puissant et magnifique qu'auparavant, comme éternel conquis, il demeurait cependant le conquéreur éternel. Des milliers de fois l'Église pensait l'avoir détruit, mais par cela même s'était-elle satanisée et dégradée, ruinée en sa tête et en ses membres.

Car Satan était le mal éternel ; et le mal éternel était la vie.

Tout ce qui tirait son origine de la grandeur, était contraire à la loi du bon Dieu, telle une furieuse négation de la négation. La défiance de *e pur si muove* (ce qui est en mouvement) était le mal, la curiosité qui conduisit Colomb à découvrir des terres inconnues était le mal, la mère des sciences chimiques était le mal, de même que la mauvaise fortune attribuée à l'observation des étoiles, le mauvais temps, la mort généralisée, et la famine.

Du côté du "bien" était l'orgueil de Grégoire le Grand qui se vantait de sa stupidité sans vergogne, et qui interdit même aux clercs d'étudier la grammaire. De même, la simplicité charmante de Saint François d'Assise qui toute la journée imitait le braiment des ânes présents à la crèche du Sauveur *ad maiorem Dei gloriam* (à la gloire de Dieu). Du côté du "bien" était l'anéantissement par l'homme de sa propre volonté dans les moindres actions, jusqu'à ce que la vie ne soit plus simplement qu'une stupide imitation. (Imitatio)

Au nom de Satan, Nietzsche enseignait la réévaluation de toutes les valeurs, en son nom l'anarchiste rêvait de la réforme des lois du monde, en son nom les artistes créaient des œuvres qui ne pouvaient être lues ou vues qu'en secret. Mais par la grâce de Dieu, une stupidité méprisable régnait sur les masses des enfants de "la lumière", pour qui la seule loi de l'existence : "l'évolution" demeurait une offense et un crime. L'évolution dans le domaine de la religion était une hérésie diabolique, l'évolution dans l'art un signe de faiblesse d'esprit, l'évolution en politique une trahison et l'évolution dans la vie une perversion légalement réprimandée.

Satan dans l'histoire de l'évolution humaine était *ipse*

philosophus, daemon, heros et omnia (le Philosophe en soi, un démon, le héros et le tout) ; le père des sciences, la torche illuminant les secrets les plus profonds de l'existence humaine, le créateur désespéré qui devait toujours retracer son cercle après qu'il eut été détruit par la stupidité, le hors-la-loi et l'adversaire.

Ce Satan était Samyasa, le Père, le Magicien, le Mathématicien, comme tous ceux appelés à traiter avec les sciences secrètes. Il n'était accessible qu'à quelques-uns. C'était un sombre aristocrate révélant ses mystères uniquement à ceux qu'il avait choisi : à un Agrippa, un Paracelse, un Dee ou un Van Helmont. Il n'autorisait à être conjuré que par les plus puissants et envoyait ses hordes de serviteurs malhonnêtes sur la terre pour enflammer les passions humaines ; pour semer la haine et la criminalité, pour enseigner l'arrogance et la fierté aux humains, pour enrager la race humaine pour que le sang lave toute bienveillance et considération et réveille la bête qui, pour satisfaire son désir, ne reculait devant aucun crime.

Il n'y a qu'un seul principe dans le domaine satanique : *à rebours* : le renversement de toutes les valeurs sanctifiées par la loi.

Et les serviteurs de Satan-Samyasa vinrent sur terre, tandis que lui, Lucifer, le porteur de lumière, le Paraclet de l'humanité, pratiquait les arts "noirs" dans des laboratoires clos avec les Magiciens.

Les serviteurs de Satan s'emparèrent bientôt de la terre.

Ce n'était pas difficile. Les gens étaient restés totalement païens dans l'âme. Mais ils étaient aussi désespérés, désespérés à la folie. Ils haïssaient le Christianisme, et ils haïssaient le crucifié, le "menteur" qui promettait le salut et ne donnait que tourments. Mais par-dessus tout, le peuple détestait l'Église, la perfide, déloyale et licencieuse Église qui, dans une avidité insatiable, exhortait leurs derniers centimes aux paysans et leur dernier lopin de terre aux nobles par l'excommunication l'interdiction et la proclamation. Ils méprisaient les évêques qui dans leurs querelles s'accusaient mutuellement d'adultère, de prostitution et de parjure.

Les synodes de Tours et d'Agde tentèrent en vain d'instituer un impôt afin de sanctionner l'alcoolisme sans mesure du clergé ; pour le limiter afin qu'on ne voie pas les prêtres s'effondrer ivres morts pendant la grand-messe.

Depuis le 10ème siècle les évêques devaient jurer avant leur consécration de s'abstenir des plaisirs suivants, pourtant largement répandus : *Pro arsenochita, id est cum masculo; pro ancilla Deo sacrata, quae a Francis nonnata dictur; pro quatuor pedes et pro muliere viro alio coniuncta, aut si coniugem habuit ex alio viro quod Graecis dicitur deuterogamia.* (Copulation avec un homme ou un dévoué serviteur de Dieu, avec une nonne franciscaine, avec des quadripèdes, la femme d'un autre homme, ou l'épouse d'un autre homme.) (Baluz. Cap. II, append. p. 1372)

Et pour montrer combien l'amour chrétien allait loin,

combien bienveillant et miséricordieux il était, une bulle pontificale caractéristique, et pas si exceptionnelle, fut émise par Clément VI contre Louis V le 13 avril 1346. Dans ce document, le pouvoir divin était invoqué pour frapper Louis de la main droite de Dieu, pour le persécuter afin qu'il tombe dans un piège ; qu'il soit maudit en rentrant, qu'il soit maudit en sortant ; que Dieu envoie sur lui l'esprit du mensonge, de l'erreur et de la stupidité. Qu'il soit consumé par le feu céleste. Ensuite, la terre était invoquée afin qu'elle se soulève et l'avale ; et cela continuait : "Que ses enfants soient chassés de leurs domaines, et tombent aux mains de leurs ennemis sous les yeux de leur propre père."

En cette ère de prohibitions répétées destinées aux prêtres visitant les tavernes, ivres devant l'autel, s'adonnant à toutes sortes de fornications contre nature, à cette époque, alors que le préambule du concile de l'Église disait : "Le sacrilège s'entasse sur nos têtes, nos crimes s'empilent jusqu'au ciel, la prostitution et l'adultère, l'impiété et le meurtre nous submergent, et les hommes s'entretuent."

En ce temps-là, il n'était pas difficile pour les serviteurs du Diable de renoncer à tout ce qui était saint et divin, de souiller et de se moquer de l'impotence de Dieu dans les plus perverses orgies.

Il était facile de comprendre pourquoi le peuple ne pouvait séparer la personne de l'objet, et pourquoi il profitait de chaque opportunité pour attaquer les sacrements et profaner l'Église par la fornication et la

souillure.
Les gens haïssaient le Christianisme. Seule la crainte de l'Enfer et de ses tourments les retenait. *Pix, nix, nox, vermis, flagra, vincula, pus, pudor, horror* (le froid, la nuit, les vers, le fouet, les chaînes, les blessures purulentes, la honte et l'horreur), c'était à peu près ce que tout non chrétien pouvait attendre de ce lieu de châtiment.

C'était une terrible vallée profonde, puant le souffre, où les démons jouaient à la balle avec les âmes, et usaient de poucettes, de bottes espagnoles, de la roue et de la crémaillère avec dextérité. Cette immonde et désespérée conception de l'Enfer dans son entièreté était le seul moyen par lequel l'Église réprimait le peuple au Moyen Âge.

Les sermons se concentraient presqu'exclusivement sur le Diable et les châtiments de l'Enfer. Les prêtres soutenaient leurs fantasmes dégénérés et dégoûtants à l'aide du nouveau et de l'ancien testament. Les assemblées nocturnes des hérétiques et leurs messes sombres donnaient aux sermons un contexte concret, tandis que les juifs et les arabes popularisaient leurs arts magiques et enseignaient à la préparation des onguents et des philtres. Au même moment, les gitans propageaient l'usage de plantes solanacées dans toute l'Europe. Les gens s'intoxiquèrent avec ces substances, ce qui provoqua une épidémie de maladies mentales doublée de phénomènes extrêmement étranges. Tout cela déséquilibra les esprits faibles des paysans tout en nourrissant abondamment leur imagination hystérique. Le moindre fait se transformait en monstruosité, le murmure le plus imperceptible devenait un grand spectacle et les feux follets brillaient comme le soleil.

Mais même après avoir omis les ingrédients additionnels et les exagérations monstrueuses, les faits restaient suffisamment fascinants pour le psychologue et l'artiste – car c'est pour eux que j'esquisse avec intensité ces impressions obtenues à partir de nombreuses sources.

Satan aimait le mal parce qu'il aimait la vie. Il haïssait le bien parce qu'il détestait la stagnation et l'inertie. Il aimait les femmes, le principe éternel du mal, l'auteur du crime, le ferment de la vie. Depuis le commencement, la femme était l'amante du Diable, et il la préférait pour populariser son culte et le servir.

Les Babyloniens et Chaldéens comprenaient le côté nocturne de la vie, sa face cachée, le secret cosmique de la décomposition, comme étant une femme - Mylitta - la déesse de la luxure pernicieuse et des excès sexuels. Elle incitait les gens à chanter, danser, désirer, à la cruauté et au meurtre.

Au sein des tribus syriennes, l'adversaire, le mal, la divinité destructrice était aussi une femme : Astarté, la déesse de la destructivité de la guerre et l'initiatrice de toutes les calamités était représentée avec une tête de bœuf cornu.

Les temples de la déesse anatolienne Cybèle étaient des lieux d'étranges fornications et d'orgasmes sexuels.

Sémiramis d'Assyrie tua son amant d'un désir sensuel inhumain.

Maya, en Inde, était une déesse du mensonge et de l'illusion rendant l'ultime réalité inaccessible à l'œil humain.

Pour le peuple Iranien, les Dévas maléfiques représentaient des vertus féminines : mensonge, illusion, et la pollution des âmes des hommes purs.

Chez les Grecs, les démons sombres de la mort émergeaient du ventre de Gaia, et tout ce qui était effroyable et macabre était attribué à la terrible Hécate. Elle voyageait sous le ciel nocturne en compagnie des Lamies, causant des rêves terrifiants et des cauchemars. Elle était la cruelle mère de Scylla et la fille de la Nuit. Accompagnée de grands chiens noirs, elle rendait les hommes fous avec une torche dans une main et une épée dans l'autre.

Les démons que craignaient le plus les romains étaient les Striges. "De forme répugnante, surmontées d'une grosse tête, avec un bec d'oiseau de proie et des talons aigus, elles venaient la nuit sucer le sang des enfants, dévorer leur moelle osseuse et avaler leurs entrailles avant de s'envoler dans les airs." Il est notable que les sorcières du Moyen-Âge étaient également accusées des

mêmes faits.
Les démons les plus terrifiants de l'antiquité étaient toujours féminins. C'étaient les démons de la mort, de la folie, de la débauche, de la possession, du crime des horreurs nocturnes et des terreurs spectrales. Lilith, la succube qui dévorait les hommes de sa destructive frénésie de luxure, était des leurs, ainsi que Dame Holda, la meneuse de la Vénerie Sauvage, la reine sombre, en compagnie de laquelle les sorcières se rendaient aux messes nocturnes du Diable. Hörselberge lui appartenait, elle y menait le sabbat des sorcières, ces adroites fileuses qui tiraient du fuseau le fil machiavélique.

A côté de cet aspect nocturne du féminin, les peuples de l'antiquité adoraient également le pouvoir de fertilité et du don de la vie de la femme. Mais c'était toujours l'homme qui devait protéger la vie du désir destructeur et trompeur cette dernière. L'homme était toujours perçu comme le véritable progéniteur de la vie.

Le Moyen-Âge ne reconnut que le maléfique en la femme et le personnifia en tant que Satan. Le culte de la Vierge Marie et le dogme de l'immaculée conception, desquels de nombreux bas-bleus se proclamaient, étaient basés sur une approche dogmatique très sévère et demeuraient très difficiles à combattre. Les hommes avaient besoin du dogme pour ne pas avoir à renier les prophètes d'avoir menti. Le culte de la Vierge commença entre le 12ème et 13ème siècle avec l'avènement de l'Amour courtois. Il fut cependant fondé sur des bases douteuses. La Vierge se révélait en effet au chevalier par d'extatiques orgies sensuelles. Pierre d'Amiani raconte que la Vierge était si belle, que Dieu lui-même brûlait de désir pour elle, et qu'il la trouvait très à son goût. *O ventor diffusior coelis, terries amplior, capacitor elementis* (Quelle émanation des cieux, de la terre et plus encore des éléments).

Dans le *Psalterium minus beatae Mariae virginis*, le Psautier de la Vierge Marie écrit par Saint Bonaventure, le premier psaume commence ainsi : "De toutes les femmes tu vaincs la beauté charnelle." On peut remarquer que cette description de la Vierge touche souvent à l'obscénité.

Mais c'était en celui-ci que la haine médiévale pour les femmes était démontrée. Il ne s'agissait pas uniquement du principe du mal. Seule la poitrine témoignait de la nature originelle féminine de Satan, les seins tombants sur l'estomac comme deux sacs de farine.

Peu à peu Satan devint entièrement masculin et la femme fut dégradée à l'état d'esclave ignoble de Satan, une infâme tentatrice qui lui amenait de nouvelles âmes, une concubine répugnante qui devait accepter les désirs stériles de l'incube sans posséder de volonté propre.

Alors que le Magicien commandait au Prince des Ténèbres et pouvait le forcer à révéler les forces les plus secrètes de la nature, la Sorcière restait tout au plus une servante obéissante qui avait appris à maîtriser les arts de la destruction et qui autrement ne recevait rien de son alliance.

L'armée de sorcières était magnifiquement disciplinée et

maintenue dans la plus stricte des obéissances. Elles étaient souvent battues par les démons quand elles n'effectuaient pas suffisamment d'actes nuisibles, et plus d'une sorcière gémissait fortement sous la luxure sans borne de ses maîtres.

Dans son *Malleus Maleficarum* immortel, Sprenger n'est pas allé jusqu'à répondre à la question de savoir pourquoi le nombre de femmes pratiquant la sorcellerie était considérable par rapport au nombre d'hommes si bien que sur 10 000 cas de sorcellerie, à peine un homme fut condamné.

Il existait un certain nombre de raisons pour cela. Il était bien connu que deux choses ne pouvaient être anéanties, au nom du Bien comme du Mal : la langue des prêtres (qui dans sa nature est à mi-chemin entre un homme et une femme) et celle des femmes. En plus, les femmes étaient crédules, et comme le Diable travaillait contre la foi, il appréciait particulièrement les attaquer. Elles étaient aussi sensibles à la suggestion du fait de la fragilité de leur constitution. Plus que tout, leur langue indécente avait besoin de partager avec d'autres femmes ce qu'elles savaient du *Mala Arte* (l'Art Sombre). Et plus encore, la raison principale résidait dans sa confiance en la foi limitée des femmes, qui, selon Sprenger était prouvée même par l'étymologie : *"Dicitur enim foemina a fe et minus, quia semper minorem habet et servat fidem fe"* (la Femme vient de Fe et de Minus, car elle a toujours une foi plus faible). Sprenger s'exprima largement sur la nature dépravée et pécheresse de la femme, sur sa jalousie, son impatience, son ambition, son manque de foi, son goût de la luxure, son inconsistance et son esprit de vengeance. Historiquement, selon lui, tous les royaumes étaient tombés à cause des femmes, et avec une mélancolique résignation, le triste diaboliste rêvait se disant qu'un monde sans femmes serait le domaine des Dieux.

Pour appuyer ses visions, il racontait l'histoire d'un homme dont la concubine s'était noyée. Il l'aurait cherché en remontant le courant parce que dans sa vie elle répondait et agissait toujours de façon déraisonnée. Aussi, elle aurait dû naturellement se retrouver en amont du courant, même dans la mort.

Il cite également Sirach et Chrysostome pour qui le mariage était une torture constante. Et Seneca, qui disait dans une de ses tragédies : "La femme hait ou aime, pour elle, il n'y a pas de milieu. Les pleurs d'une femme ne sont que des mensonges. Elle possède deux sortes de larmes : celles de la douleur réelle, et celles de la tromperie, pour l'artifice. Si une femme se met à penser, son raisonnement est erroné. "

En conclusion, l'érudit inquisiteur disait :

"D'après cela, il peut être conclu que les femmes sont plus particulièrement sensibles au vice de l'hérésie magique, et nous devons remercier le très Haut d'avoir protégé les hommes d'un tel vice."

Sprenger s'est rendu la tâche facile, mais la question n'est pas si simple, en dépit du fait que sa vision des femmes démontre certaines connaissances.

Pour être plus précis et comprendre la vision de ces temps, nous devrions chercher la raison de tout cela dans la condition physique de la femme de l'époque. Immédiatement, on pense à cette étrange maladie de ces jours que l'on appelait "possession", germe qu'à peu près tout le monde au Moyen-Âge possédait en soi.

Possession ou manie démoniaque semblent avoir été une variété de maladies mentales d'une nature épileptique que l'on rencontrait souvent au Moyen-Âge. Elles étaient souvent accompagnées de clairvoyance et de somnambulisme. Le sujet était sous l'influence de terribles visions et tombait dans des crises abominables, dont les descriptions apparaitraient comme de monstrueuses exagérations pour les esprits modernes, si elles n'étaient pas si bien documentées.

Au niveau le plus bas, il semble qu'où il n'y avait qu'une disposition à l'égard de tout cela, ces symptômes semblaient être artificiellement et volontairement provoqués par l'usage de narcotiques et d'onguents. Ce niveau forme probablement la base des phénomènes démoniaques associés aux sorcières.

C'est ainsi que la Sorcière était née, avec cette disposition naturelle. Depuis le début, tout était inversé pour elle. Ce qui était en haut était en bas, la droite était à gauche et l'avant à l'arrière. L'inversion totale des valeurs de base mettait l'individu en porte-à-faux avec la nature des choses. C'étaient les premiers symptômes de possession. La sorcière n'en était pas perturbée, alors qu'un homme lui, n'aurait pas succombé de sa propre volonté à l'influence du Diable. Au paroxysme de la possession, cet inversement de toutes les directions pouvait être clairement observé. Le corps de la possédée prenait la forme d'une sphère comme s'il était enveloppé d'une "boule de filaments". Elle se tenait debout sur les doigts de pieds et se renversait en arrière sur la tête faisant en sorte que son dos prenne la forme d'un arc. Puis, soudainement, la situation changeait, la possédée se mettait sur le dos, ses jambes et bras se tenaient en l'air tels des "roseaux entrelacés". Ses cheveux se dressaient sur sa tête comme si elle voulait voler dans toutes les directions. La possédée marchait toujours à reculons ou tournait continuellement en rond de droite à gauche, le visage tourné vers l'arrière. Une incroyable flexibilité et capacité à se plier était caractéristique des sorcières dans leur état extatique. Leurs membres pouvaient s'entrecroiser telles des tiges pliables, et leur corps pouvait s'étirer d'une façon surhumaine et se recroqueviller à nouveau.

La gravité spécifique du corps d'une sorcière était altérée quand elle était dans un état extatique. Son corps ne coulait pas dans l'eau, souvent elle devenait plus légère que l'air, s'élevait et tournait dans les airs pendant plusieurs minutes.

Souvent les possédées pouvaient être aperçues courant sur les toits des cloîtres. Elles grimpaient le long des murs et s'amusaient à se balancer sur les plus fragiles branches d'un arbre que même un oiseau aurait pu briser.

Le tissu corporel de ces personnes possédées par Satan était extérieurement marqué par une marque ou un signe. Il s'agissait en général d'un petit endroit sur la peau, jamais plus large qu'un petit pois, insensible et dépourvu de sang ou de vie. Parfois, mais seulement très rarement, on parlait de points rouges ou noirs. Il fut aussi en de rares cas observé qu'ils étaient accompagnés d'indentation de la peau. En général, ils n'étaient pas visibles, et se trouvaient au niveau des organes génitaux. Si on les piquait avec une aiguille, aucune goutte de sang n'en sortait, aucune douleur n'était ressentie. L'un des plus brillants diaboliste, De Lancre, qui eut pour tâche de débarrasser une province entière (le Pays Basque) de ses sorcières, découvrit que près de 3000 personnes étaient marquées de la sorte. La plupart du temps ces marques se trouvaient sur les paupières, le dos, la poitrine et parfois, mais rarement, changeait même de place sur le corps.

Ce n'était cependant pas seulement la marque du Diable qui permettait d'identifier la sorcière. Du fait des dons magiques de son âme contrôlant tout son être, sa sensibilité physique était incroyablement faible, ou même parfois absente. Elle était totalement indifférente aux plus horribles tortures et les exemples de complète catalepsie et d'impassibilité étaient extrêmement fréquents dans la littérature sur la démonologie. Même soumise à la torture de l'estrapade ou de la crémaillère, alors que les bourreaux disaient : "Tu finiras étirée et si mince qu'on verra le soleil à travers", elle ne sentait rien, riait ou s'endormait.

Ce *Maleficium taciturnitatis* ou "crime de silence" qui selon le *Malleus Maleficarum*, était mis à disposition de son élue par le Diable, semblait être lié à un étrange pouvoir de guérison organique, qu'on imputait parfois à l'utilisation d'une amulette. Les sorcières étaient pour cette raison toujours entièrement dénudées et leur corps rasé de près avant la torture. Ce pouvoir permettait aux sorcières de guérir de blessures sévères rapidement, des blessures qui auraient pourtant dû, dans la plupart des cas, les mener naturellement à la mort.

Il y eut beaucoup de procès de sorcellerie, où la sorcière était torturée quatre ou cinq fois d'affilé, alors qu'elle dormait sur l'échafaud, les yeux si hermétiquement fermés que le rapporteur devait faire quelques efforts pour lui ouvrir au moins un œil. Dans ces états extatiques et médiumniques, toutes les lois qui concernaient un organisme étaient inversées ou entièrement suspendues. Le pouvoir de la sorcière à résister au feu était si commun et connu que Spenger se chargea lui-même du test du feu. Delijo, un érudit hautement fiable en la matière, rapporta qu'une sorcière était restée indemne après l'horrible torture de la bottine.

Il y a peu de raisons de douter de l'exactitude de ces informations, car de nombreux cas similaires ont été récemment publiés, dont le plus célèbre est celui de Wallace (Défense du spiritisme), où M. Home mit la tête dans le feu sans se brûler un cheveu.

L'altération de la gravité spécifique en rapport avec les états extatiques (lévitation) correspond parfaitement à la réalité, bien que ce soit aussi inexplicable que tous les phénomènes décrits plus haut.

Il est certain qu'une telle inversion des lois physiologiques dans l'organisme physique correspond à un *rebours* pervers dans la psyché.

Cette indifférence à la souffrance bloquait toute compassion chez la sorcière ; elle demeurait bestiale dans sa cruauté, ne connaissait aucune sympathie, et ressentait une joie extatique en infligeant la douleur. Elle adorait prendre du plaisir dans la cruauté et ses plaisirs sexuels étaient toujours mêlés à une certaine férocité. Sadisme et masochisme dominaient ses désirs sexuels, mais être fouettée ou fouetter les autres n'était pas suffisant pour elle ; seulement quand elle fouillait les intestins d'un enfant assassiné de ses mains avides, quand elle déchirait de ses dents sa poitrine pour en arracher le cœur tremblant encore chaud, quand elle pouvait se vautrer dans la cavité du corps avec son derrière nu en poussant des cris de jouissance, seulement là ressentait-elle peut-être un peu de satisfaction.

Elle prenait le même plaisir dans la haine. Elle haïssait tout ce qui était appelé loi, elle rageait contre tout ce qui pourrait empêcher la libération de ses élans démoniaques, et plus que tout elle détestait l'Église et ses établissements. Elle ne connaissait pas de plus grand plaisir que de mélanger le corps de Dieu à ses onguents dégoûtants, pour en farcir ses organes sexuels et assaisonner avec la charogne pourrie d'un cadavre souillé.

La folie des sorcières était épidémique dans les villages où les Cathares ne cessaient de fomenter leur sinistre vengeance contre l'Église catholique sous la forme la plus abstruse.

En fait, l'Église n'en avait pas fini avec les Manichéens. L'Église les avaient persécutés avec une cruauté inouïe pendant des décennies, des milliers et des milliers d'entre eux furent envoyés au bûcher et brisés sur la roue, mais ils continuaient à réapparaitre, à former des ligues secrètes, même dans les lieux où ils avaient été entièrement éradiqués. Ils s'accrochaient à la tradition de leurs épouvantables messes qu'ils célébraient dans les bois et sur les sommets des collines, et ceux qui s'étaient convertis à l'Église pour échapper à l'estrapade et à la roue, à l'épée et au bûcher, ne cessaient de rejoindre leurs assemblées nocturnes où les âmes de ceux assoiffés de délirium pouvaient exulter.

Lors de ces assemblées, c'étaient toujours les femmes qui entrainaient les hommes dans de bestiaux excès, comme cela arrive dans les réelles et actuelles orgies sabbatiques.

Au Moyen-Âge, les femmes étaient anémiques, couvertes de saleté, car les gens exécraient pathologiquement l'air et l'eau. Esclaves des hommes, rejetées par l'Église, méprisées même par Dieu même qui les avaient créées à partir d'une côte d'Adam, les femmes étaient considérées comme des animaux. Leurs instincts maléfiques se levèrent comme les algues au fond de l'océan. Leurs esprits concoctèrent le plan de vengeance le plus immonde à l'encontre de leurs voisins, à qui elles jetaient le mauvais œil, à l'encontre des hommes qui les frappaient ou du propriétaire terrien qui par ennui les faisaient occasionnellement fouetter.

L'anémie et les diverses maladies de peau causées par la saleté exacerbaient leurs désirs constamment. Elles se couchaient sous n'importe quel homme, se laissaient violer par apathie, mais n'étaient jamais satisfaites.

Seule une soif grandissante pour le plaisir, pour la satisfaction, pour des orgies sexuelles prolongées, tourmentait perpétuellement la femme bestiale.

Elle se trouvait dans un état de perpétuelle excitation. Pour le tempérament mélancolique inspiré par le Diable, "le bain du Diable", chaque pensée, chaque sentiment devient toxique. La question de savoir quand une femme devenait effectivement une sorcière dépendait du moment où les graines de "possession" qu'elle porte en elle se mettaient à germer. Et ce jour arrivait forcément.

Jamais elle ne s'était sentie si agitée. Elle était tourmentée par un malsain désir de tuer, de mettre les gens en pièce, de délirer, de crier. Soudainement, comme portée par une force étrange, elle s'enfuit de manière insensée dans les bois. Elle ne courait pas mais semblait voler, elle se sentait à l'aise dans les airs jusqu'à ce qu'elle replonge à nouveau.

Alors l'incube apparut juste à côté d'elle. Il était écarlate, dans un habit de chasseur, il boîtait un peu et cachait sa queue du mieux qu'il pouvait. Ses cornes n'étaient pas non plus visibles, mais elle savait avec certitude que c'était le Diable. Elle en avait peur mais était aussi terriblement intriguée. Elle connaissait son pouvoir, elle savait qu'Il pouvait lui donner tout ce qu'elle désirait. Elle ne savait pas à ce moment-là que son butin se tournerait plus tard en sable ou en crottin. Elle en avait très peur, mais sa curiosité était encore plus grande.

Alors, le Diable l'approcha amicalement, mais avec des gestes sans ambiguïté. Il connaissait le besoin de son cœur, il savait ce qui lui manquait, et il désirait aussi combler ses souhaits si elle se soumettait à lui à *conditio sine qua non*, (inconditionnellement), sans regretter sa décision. Il devenait de plus en plus persuasif, elle continuait à se défendre mais sentait déjà le poids de sa lourde masse sur elle ; elle était paralysée, mais s'abandonna et laissa l'abomination la monter. Il n'y eut pas de plaisir, juste de la douleur, et ce fut très froid, oh, glacial. Quand elle revint à elle, elle s'aperçut qu'elle était à plus de deux lieux de son village. Elle tremblait de tous ses membres, et c'était comme si son corps tout entier était brisé ; elle rentra péniblement, avec grand effort, et se tint droite en s'accrochant à l'espoir angoissant que ses vœux seraient exaucés.

Mais aucun de ses vœux ne se réalisa ; à la place suivit un abominable tourment. Le regret et la peur de l'Enfer, évidement, la peur que son corps soit de son vivant jeté en Enfer la rendit presque folle. Elle passa une terrible nuit aux côtés de son mari ronflant. L'Enfer s'ouvrit sous ses yeux avec toutes ses terrifiantes tortures.

Elle le fixait avec un désespoir criant. Elle essaya de prier mais elle fut violement arrachée à sa prière. Un rire sardonique explosa dans la chambre, de petites lumières vertes voletèrent d'avant en arrière, et elle entendit frapper dans les murs avec un vacarme grandissant. Son lit se mit à tourner, les guenilles qui la couvraient se mirent à danser. Elle voulut réveiller son mari mais c'est comme si elle était paralysée, elle ne pouvait pas bouger. Soudain, elle le vit à nouveau. A nouveau, elle subit la torture de l'acte sexuel glacial mais cette-fois elle avait déjà moins peur. Elle posa même des questions à son amant démoniaque. En fait, c'était même un maître aimable. Il lui conseilla d'aller voir la sorcière qui vivait seule dans la forêt, de lui faire confiance, disant que cette dernière lui donnerait de ses herbes qui avaient des pouvoirs miraculeux.

Quand le Diable la quitta, elle avait déjà sombré dans un sommeil lourd. Et quand elle se réveilla le matin, sa première pensée fut pour la vieille sorcière. Son mari avait été envoyé au loin par le seigneur et comme elle n'avait pas d'enfants, elle attendit la nuit avec impatience.

Le cœur battant et la peur au ventre, elle arriva finalement à la maison de la sorcière qui semblait éternellement close. Personne ne se rappelait quand l'horrible vieille dame était venue au village. Tout le monde la craignait, et une terrible panique survenait quand elle marchait dans les rues du village. Les mères s'enfuyaient avec leurs enfants ; s'il n'était pas possible de fuir, les gens faisait le signe de croix et invoquaient le nom de Jésus. Les gens faisaient très attention à ne pas la toucher et essayaient de faire en sorte qu'elle ne les voit pas.

Mais la sorcière ne semblait pas perturbée par tout cela, elle marmonnait juste quelque chose et se contentait de lancer un regard perçant à telle ou telle maison.
Les gens l'auraient lapidée depuis longtemps, pour ces nombreux méfaits, mais ils craignaient la seigneuresse qui semblait la protéger parce qu'elle obtenait de la sorcière des poisons pour des objectifs secrets.

Une longue conversation s'en suivit entre la femme et la sorcière qui semblait l'avoir attendu. En rentrant chez elle, déterminée et courageuse, elle tenait serré dans sa main un petit pot d'onguent, ainsi qu'une baguette qu'elle était supposée cacher où personne ne pourrait la trouver, sauf une personne de la même secte.

Finalement, le moment tant attendu arriva. Le signal fut donné que tel ou tel jour le rendez-vous à la "Synagogue" devrait avoir lieu.

A minuit, elle se dénuda entièrement et s'enduisit le corps de l'onguent que la sorcière lui avait donné. Elle l'appliqua plus particulièrement sous les aisselles, dans le creux de l'estomac, le sommet de la tête et les parties génitales.

Elle tomba en un sommeil profond en un instant, qui cependant ne dura pas, juste un instant.

Puis elle se "réveilla" et se rendit à la Synagogue.

Elle ne sut comment elle y était arrivée. Elle se rappelait toutes les circonstances du voyage ; elle savait qu'elle était venue à pied, qu'elle avait parlé à quelqu'un en chemin, mais c'était tout.

Elle ne savait pas si elle avait marché une courte ou une longue distance. Quand elle arriva sur le lieu-dit, il ne lui était pas totalement inconnu. C'était un endroit mal famé et inquiétant en haut d'une montagne, dont elle avait entendu chuchoter auparavant, une lande désolée sans chemin et sans habitation aux alentours.

Elle trouva une grande assemblée déjà présente, des hommes (il n'y en avait que très peu), des femmes et des enfants. Elle pensait en connaitre quelques-uns, mais elle n'était pas sûre, parce qu'il faisait très sombre et la lumière vacillante des torches déformait les visages en d'horribles spectres.

Elle vit des femmes, à moitié nues, leurs robes ouvertes, les cheveux épars, courant dans tous les sens, bondissant sauvagement, comme si elles étaient toutes légères et insensibles à la gravité. Parfois, elles se levaient et vociféraient : Har ! Har ! Sabbat ! Sabbat !

Soudain, comme si un signe fut donné, les participants formèrent un cercle se touchant le dos mutuellement avec leurs mains.

Les hommes et les femmes se tournèrent dos à dos. Alors, une dance de frénésie extatique commença. Ils jetèrent leurs têtes en arrière en un tempo croissant, des chants obscènes furent entonnés, interrompus sans cesse par un appel haletant : Har ! Har ! Diable ! Diable ! Saute ici ! Saute là !

L'orgie atteint son paroxysme. Les bondissements des plus sauvages se joignaient en un pêlemêle frénétique. La bête avait été lâchée. Une avidité brûlante s'alliait à la soif de sang et au désir insensé stimulé par la souffrance que la frénésie engendrait.

Puis la danse prit fin, les gens se jetèrent les uns sur les autres, hommes et femmes, indifféremment, les pères sur leurs filles, les frères sur leurs sœurs, les hommes sur les hommes, toute l'assemblée se vautrait dans l'aberration dans la pire des débauches. Ils se couchaient les uns sur les autres comme des chiens dans des spasmes convulsifs, et au milieu des horribles gémissements de leurs copulations inhumaines douloureuses se mêlait un rugissement rauque : Har ! Har !

C'était la femme qui contrôlait et exaltait ces assemblées. Pour renier le moindre semblant de honte, elle joignait ses mains sur ses fesses, se jetait au sol sur le dos, écartait les jambes en l'air et demandait au phallus de la pénétrer avec un cri rauque. L'antique prêtresse de Cybèle se réveillait en elle avec un double pouvoir, la fureur nymphomaniaque doublée d'une surcharge sensorielle surhumaine dans laquelle le dégoût et la souillure se transformaient en plaisir.

Les exaltations de la luxure laissaient place à la soif de sang. Elle pinçait sa chair de ses ongles, s'arrachait des touffes de cheveux de la tête et se griffait les seins, mais ce n'était pas suffisant pour apaiser la bête. Elle se ruait alors sur l'enfant présenté en sacrifice à Satan, ouvrait sa poitrine de ses dents et lui arrachait le cœur pour le dévorer encore dégoulinant de sang ; elle déchirait aussi les veines de son cou et buvait le sang qui en jaillissait ou écrasait sa tête molle entre ses cuisses et la pressait violemment contre son sexe en disant : "Retourne d'où tu viens !" Les variantes de cette luxure meurtrière étaient innombrables, mais un enfant était toujours sacrifié à ce Satan sanguinaire incarné en femme.

Et c'était seulement après cette orgie préparatoire qui, à l'origine, concluait le vrai Sabbat actuel, celui des Babyloniens, des Grecs, des Romains et des pré-Manichéens, que le Sabbat post-manichéen devenait sérieux.

Ce qui était factuel disparaissait, les sens s'éteignaient, et l'infini domaine de la nuit ouvrait alors ses portes.

Et Satan apparaissait.

Il préférait prendre l'apparence d'un bouc, mais il était aussi souvent vu sous forme humaine. Il apparaissait assis sur un trône, avec une semblance de visage humain, mais tout était indistinct comme si voilé par un nuage de brume.

Seulement en de très rares occasions pouvait-on le voir clairement. C'était effrayant ! Toutes ses caractéristiques s'étaient développées dans de monstrueuses et gigantesques proportions. Il portait sur la tête une couronne de cornes noires. Une de ces cornes brillait si intensément que tout le Sabbat en était éclairé d'une lueur plus vive que celle de la pleine lune. Ses yeux ronds étaient énormes et grand ouverts. Mi-homme, mi-bouc, ses extrémités demeuraient cependant humaines. Il arborait une poitrine de femme qui pendait mais ce qui était particulièrement frappant était son phallus géant. Il était recourbé comme la queue d'un chien, puissant et d'un rouge éclatant, et se terminait en organe sexuel féminin.

Sa voix était terrible, mais sans timbre, rauque et difficile à comprendre. "Il entretient toujours une grande fierté, combinée à l'attitude d'un prince mélancolique qui s'ennuie." [De Lancre : Tableaux de l'inconstance des mauvais anges et démons. 1612]

Au-dessous du nombril, il possédait un second visage, presque encore plus terrifiant que celui du dessus, une face d'excréments avec une bouche béante qui tire la langue.

A son arrivée, la messe se mettait en œuvre. Cela commençait par une confession générale où les gens devaient avouer leurs bonnes actions. Le terrible péché de chasteté était confessé, le péché mortel d'humilité, la patience, la tempérance et l'amour fraternel. Les horribles et répugnants péchés tirés des dix commandements de Moïse étaient confessés et tous regrettaient amèrement d'avoir commis d'autant de crimes.

Le bouc écoutait patiemment, mais infligeait aussi de terribles corrections car il n'apprécie guère ceux qui font les choses à moitié. Tous ceux qui rejoignaient son Église devaient suivre ses commandements sans demi-mesure, en s'engageant totalement.

Après la confession venait l'introduction de ceux qui voulaient rejoindre son Église. Tremblants et fébriles, ils approchaient le trône du grand prince.

- Que veux-tu ? Souhaites-tu devenir l'un de mes serviteurs ? rugissait-il à ceux qui s'approchaient.
- Oui !
- Alors désire et fais ce que je désire !

Alors, le nouveau membre répétait le serment suivant :

"En premier lieu, je renonce à Dieu, puis Jésus Christ, l'Esprit Saint, la Sainte Vierge, les Saints, et la Sainte Croix. Je m'abandonne à ton pouvoir de toutes les façons, je me remets entre tes mains et ne reconnais aucun autre Dieu. Pour que tu sois mon Dieu, et moi, ton serviteur."

Alors le néophyte embrassait Satan sur la face au-dessous

du nombril, et se liait dès lors à une éternelle servitude et à la domination absolue du mal.

Le Diable marquait son front avec sa griffe, et le rebaptisait avec de l'eau souillée. Il jurait alors avec passion de ne plus jamais recevoir les sacrements sauf pour des raisons impures, de profaner les saintes reliques, de garder le secret du Sabbat, d'acquérir de nouveaux membres pour l'Église de Satan et de dédier toute sa force à Satan.

La cérémonie atteignait son apogée quand le nouveau rebaptisé faisait la grandiose et terrifiante requête d'avoir son nom rayé du Livre de Vie et rajouté au Livre de Mort. Le Diable stigmatisait alors le néophyte sur les paupières, les épaules ou les lèvres. Les femmes, quant à elles, recevaient cette marque de reconnaissance sur les tétons et le plus souvent aussi sur les lèvres vaginales.

Le pacte conclu, la personne était irrévocablement acquise au Diable. A partir de ce moment-là, sa nature se renversait totalement, le plus élevé dans son âme devenait le plus vulgaire, la loi qui avait permis de brider en elle la bête jusque-là devenait impuissante, toutes les vertus prônées par la loi étaient éliminées avec dérision et moquerie, et les femmes en particulier retournaient à leur nature d'origine, celle que les hommes avaient tenté péniblement de restreindre.

Toutes leurs vertus étaient libérées sans retenue. Les femmes devenaient fourbes, loquaces, diablesses, bavardes, avares, gloutonnes, ardentes, exubérantes, rebelles, nuisibles et dangereuses, comparables à des ourses, guidées par le vent, le Scorpion, le Lion et le collet du Dragon.

Toute l'histoire sombre et désespérée du Moyen-Âge se reflétait dans la cruauté du Sabbat. Le Sabbat était l'orgasme des instincts débridés, une vigoureuse révolte de la chair réprimée, le sinistre cri de jouissance du paganisme crucifié.

En cela le Sabbat était une synthèse terriblement déformée de tous les cultes orgiastiques de l'antiquité. Le désir hystérique de luxure se terminant en une frénésie de la cruauté la plus raffinée au service de Cybèle, les arts extravagants et oubliés de la prostitution au service d'Astarté, les crimes et les incantations avec lesquels les sorcières grecques invoquaient Hécate pour lever les morts, tout cela se rassemblait dans le Sabbat médiéval.
Il fut remodelé et adapté afin de s'intégrer dans les nouveaux contextes religieux, mais les divers éléments le constituant étaient largement reconnaissables. Rien n'était vraiment unique dans le Sabbat médiéval. C'était un phénomène commun à toutes les époques et à tous les peuples, un fait historique universel.

Mais, tandis que les mystères de l'antiquité conservaient un caractère totalement positif, et avaient pour intention de tout inclure dans le domaine du divin, en sanctifiant tous les instincts, et même en adorant le divin au travers d'intenses extases, le Sabbat du Moyen-Âge possédait au contraire une signification purement négative.

D'un côté, il était enraciné dans la terrible haine des Manichéens pour l'Église Catholique et tirait sans nul doute ses origines du Manichéisme, ou fut tout au moins mené sous sa protection. Les doctrines des Manichéens étaient presqu'exclusivement polémiques et formaient une critique acerbe du Catholicisme. Peu importe quels principes de foi étaient à l'origine de la doctrine des Cathares, elle était submergée dans la haine qu'ils avaient pour le Nazaréen, une haine qui s'intensifiait d'une génération à l'autre en réponse aux persécutions fanatiques.

Sur cette accueillante fondation de haine s'ajoutait graduellement des couches incroyablement profondes de tout ce que l'Église avait persécuté ; tous les vestiges du paganisme encore vivant dans l'esprit des gens, toutes les opinions et coutumes issues de pays étrangers adoptées avec enthousiasme et contre lesquelles l'Église avait utilisé ses armes cruelles.

D'un autre côté, le Sabbat était basé sur la haine terrible du possédé pour l'ecclésiastique. L'Église disait que les démons étaient déchainés chez les possédés, alors on cherchait à soulager le malade avec de l'eau bénite et des prières. Et bien ! Les malades le croyaient : ils savaient qu'ils étaient possédés par le Diable, ils le portaient en eux et le laissaient rugir par de terribles blasphèmes, suivant la doctrine de l'Église. Et, pire encore, quand il s'agissait des sorcières, elles le permettaient avec allégresse, elles s'y abandonnaient et, après avoir surmonté les premières épreuves, se dédiaient au Diable d'un désir croissant, et ce dernier les récompensait par les extases surhumaines du Sabbat.

Ainsi le Manichéisme d'origine fut amalgamé avec l'étrange attirance des gens du Moyen-Âge pour le sacrilège. Le Dieu originel des Cathares, de la "matière" positive, devint l'Antichrist, le Dieu de la matière *à rebours*, de la souillure, du dégout, du poison, et de la puanteur. Cela advint par de terribles luttes, dans la fureur polémique des Albigeois mourants, et la défiance des sorcières possédées contre Dieu.

Pour les Cathares le principe était : *"Nemo potest peccare ab umbilico et inferius ein"* ("personne ne peut pêcher depuis le nombril et au-dessous"). C'était un saint précepte tout comme le sacrifice de l'hymen pour les prêtresses d'Astarté. Mais pour la sorcière, cet article de foi devint un moyen de profaner le sacré et de crucifier une fois de plus le Dieu des chrétiens.

Les fervents Cathares renonçaient à la foi catholique avec la sainte gravité du nouveau converti. Pour la sorcière, le serment de renoncement devint une réplique moqueuse de celui conclu avec le Diable.

Ainsi, la sorcière dérivait ses articles de foi des Cathares, gardant en priorité ce qui lui permettait d'offenser le plus sérieusement le Dieu des chrétiens, et de l'inciter à sa pire vengeance.

Ceux qui avaient été convertis au Christianisme par la plus bestiale des cruautés s'emparèrent du sinistre héritage de leurs pères assassinés. La foi n'existait plus, mais le peuple désespéré, torturé et asservi ne cessait de célébrer les festivals de ses ancêtres, le festival des instincts, du péché qui devait être détruit par le péché, du phallus *en éveil*, et de la *furor matricis* (fureur utérine).

Et, si l'un d'eux ne serait-ce qu'une fois visitait l'Église des initiés, des *braves hommes*, il finissait désespérément accro à Satan.

Le Sabbat historique, le culte des Albigeois, par lequel ils célébraient le "Dieu" du mal, se fondait dans les fantasmes pervers du possédé. Ces formes à l'origine naturelles étaient déformées par de monstrueuses visions et personne n'était plus capable de distinguer où commençait et où s'achevait la réalité. Cela devint un amalgame pervers de milliers de vestiges culturels de tous les peuples à travers les âges, une confusion fiévreuse d'éléments de toutes les religions, une éruption volcanique d'instincts contradictoires communiant en un chaos sauvage de conflits amers.

Le voyage au Sabbat fonctionnait comme l'habitude de consommer de l'opium. Passée la première fois, il devenait une passion qui ne pouvait plus être abandonnée. Les déclarations des sorcières le confirment, "le Sabbat est un véritable paradis, où l'on jouit de plus de plaisir que l'on ne puisse exprimer."

Quand le signe est donné "on ressent de la joie comme quand on est appelé à participer à un mariage. L'esprit se lie avec le cœur et la volonté d'une telle façon qu'il n'y a plus d'espace pour aucun autre désir. "

Les juges perplexes demandaient comment le Sabbat pouvait exercer une telle attraction alors que ce n'était qu'un lieu d'abominations et d'avilissement. A cela on leur répondait que les participants prenaient plaisir à cette abomination avec une luxure merveilleuse et un intense désir, et que le temps filait si vite dans ces ravissements de tant d'idolâtries que l'on ne partait qu'à regret avec une irrésistible envie de revenir.

"Telles sont les joies d'une réelle nature surhumaine, sans origine terrestre."

De cette façon, l'intention première des sorcières de profaner l'Église disparut. Le Sabbat devint sa religion, le crime sa vertu, l'inversion des instincts se fit d'une manière quasi imperceptible, en un éclair elle s'était transformée en un autre être. L'abominable orgie devint une fin en soi, elle ne songeait plus du tout à la relation de son culte avec l'Église catholique, elle se jetait la tête la première dans l'abysse des instincts déchainés sans penser qu'elle commettait un sacrilège. Et c'est ainsi que l'orgie devint célébrée sans aucune référence aux pratiques interdites, sans les coutumes traditionnelles dont le but d'origine était le blasphème. L'orgie devint célébrée pour l'orgie elle-même ; le peuple se défoulait dans les contorsions les plus tortueuses du désir ; ils se transformaient en loups, en vampires, en chèvres et en cochons. Ils exultaient dans la conscience de la damnation éternelle, car pour eux quelles étaient les joies célestes en comparaison de la luxure surhumaine du Sabbat ?

Et c'est ainsi que le Sabbat, auquel on se rendait dans les premiers temps dans la crainte, avec l'horrible conscience que tout salut de l'âme avait été irrévocablement perdu, devint progressivement un culte sans opposition, sans aucun lien ni autre signification que celui de sentir les désirs s'intensifier jusqu'à l'incommensurable. Et Satan, qui était à l'origine l'antithèse de tout ce qui était catholique, devint le seul Dieu, le bon père pourvoyeur d'un immense bonheur. Si au départ, on lui avait adressé des requêtes pour les biens matériels, si les gens s'étaient vendus à lui pour recevoir l'or et le pouvoir, tout cela fut vite oublié. On ne désirait plus rien de lui. Ils le louaient et embrassaient son derrière avec gratitude. Parce qu'il donnait tout. Dans les frissons impétueux de la chair et ses spasmes, tout l'or du monde apparaissait comme de la poussière sans valeur, et tous les pouvoirs comme de stupides vanités.

La phase de négation, de blasphème conscient au cours de laquelle les sorcières étaient admises dans le cercle fermé des adorateurs de Satan, ne dura qu'un temps. Le Dieu chrétien fut bientôt oublié dans la furieuse tempête sexuelle. Bientôt il n'y eut d'autre Dieu que lui, le phallus dominant, et le bouc présentait l'hostie noire et il aboyait les mots inarticulés : "Ceci est mon corps !". Alors, toute la congrégation tombait à genoux et avec la même ferveur jusque-là réservée aux saints sacrements, ils gémissaient du fond de leurs cœurs : *"Aquerra goity! Aquerra boyty !"* (le bouc en haut, le bouc en bas !)

Les sorcières jugées par de Lancre en Pays Basque s'excusèrent en disant qu'elles ne savaient pas qu'elles commettaient des péchés, qu'elles n'étaient pas conscientes de faire quoique ce soit de mal. Au contraire, elles pensaient que leur religion était l'unique existante et décrivaient les plus incroyables détails de leur service en étant tout-à-fait à l'aise.

Les filles et femmes de Labourt, au lieu d'avoir honte de choses condamnables et se lamenter de leur crime, décrivirent à la cour les circonstances sordides dans les moindres détails avec une telle impudeur et un tel contentement qu'il semblait qu'elles étaient honorées d'être là. Il leur apparaissait qu'elles prenaient plaisir à la discussion car elles préféraient les caresses indignes du démon à n'importe quel autre. Elles n'étaient pas du tout gênées, quelles que soient les questions obscènes qui leur étaient posées, et notre interprète basque, qui était prêtre, était certainement le plus mal à l'aise de tous d'avoir à traduire les questions !

"Ita pestis haec velut contagion proserpsit" (Cela se répand comme la peste) disait Wier dans son fabuleux livre "De praestigis daemonium", et le conseiller d'Henri IV, Florimond de Bordeaux écrivit : *"Et le Diable est si bon maistre, que nous ne pouvons envoyer si grand nombre au feu que de leurs cendres il n'en renaisse de nouveau d'autres."*

✦

Le Sabbat est sans aucun doute le plus grand puzzle culturel et historique connu de l'histoire du monde. Le Siècle des Lumières prit le chemin de la facilité. Tout ce qui avait trait au bas ventre et à l'entrejambe fut généralement expliqué comme démence et superstitions médiévales. Ils utilisèrent les procès des sorcières comme prétexte stupide pour attaquer l'Église. Les prétendus historiens passèrent sous silence des faits pourtant bien attestés, car ils les mettaient mal à l'aise et ils ne savaient quoi en faire. Ce n'est qu'à une époque assez récente, quand les phénomènes étranges de l'occulte ne pouvaient plus être niés, après que de nombreux érudits (dont Crook qui ouvrit la voie) commencèrent sérieusement et sans aucun préjudice à se pencher sur les faits de la médiumnité, que les ténèbres commencèrent un peu à se dissiper.

Une chose demeurait systématiquement négligée, c'est que le Sabbat eut lieu pour de vrai. Il fut tout aussi réel et factuel qu'une messe noire sous Louis XIV, où les sorcières ne se rendaient pas en volant ou avec leur corps astral, mais bien à pied, et souvent de loin.

Notre supposition est justifiée non seulement par tout ce que nous connaissons collectivement sur les sectes et leurs réunions secrètes, mais aussi parce qu'il n'y a pas la moindre raison de douter que ces réunions ont été surprises par des non-initiés. A ces occasions, les participants se dispersaient aux quatre vents. On relate même un cas où l'intrus fut si gravement battu qu'il mourut de ses blessures peu de temps après.

Les participants arrivaient à provoquer un orgasme interne par leur danse effrénée et les mouvements répétés de leur tête d'avant en arrière, comme le font les fakirs de nos jours. Les visionnaires ne pouvaient en aucun cas distinguer ces orgasmes des véritables. Par l'usage de poisons narcotiques terribles, dont les livres de démonologie sont remplis, cette condition était intensifiée et s'achevait par l'hystérie épileptique de la personne qui se retrouvait alors dans un état de somnambulisme. Le fait que tous les participants partageaient une interconnexion mutuelle, explique que les caractéristiques de toutes les visions soient identiques. De plus, ces visions leur avaient été auparavant suggérées par le code satanique afin que les participants à un tel cercle satanique partagent naturellement une "union spirituelle" visionnaire sans même en être conscients.

Les déclarations vagues, qui décrivent tous les phénomènes comme voilés et plongés dans le brouillard, indiquent les conséquences des narcotiques hypnogènes. L'image de Satan était rarement vu clairement. Une fois, il apparaissait comme une immense masse de brume, l'autre fois il est vu sous la forme d'une souche d'arbre, "avec quelque chose qui ressemble à un visage humain, mais comme couvert de ténèbres". Une autre fois, il apparaissait "sous forme presque humaine au milieu des flammes, comme un feu sortant d'un fourneau dont les formes ne pouvaient être perçues que vaguement."

Les processus épileptiques et somatiques sont également indiqués par la raideur des extrémités, le sentiment glacial de froid dans tout le corps pendant le coït ou quand l'hostie noire leur est offerte, l'activité musculaire anormale pendant la danse, la sensation de plaisir extrême, l'inversion complète de l'orientation naturelle dans l'espace, les terribles crampes que les sorcières attribuent aux coups de fouets administrés par le Diable. Les phénomènes plus spécifiques d'apparitions lumineuses que l'on peut observer même de nos jours en présence d'un bon médium sont également caractéristiques de ces états.

Ces Sabbats historiques disparurent au fur et à mesure. Les assemblées restèrent limitées à quelques nuits du milieu de l'été ou furent totalement abandonnées. Les sorcières avaient en effet trouvé un moyen de jouir de tous les plaisirs du Sabbat sans avoir à être là personnellement, ce qui était passible de mort dès le début.

Dans son *"Fortalitium fidei contra Judaeos"* (Histoire des ennemis des juifs), Alphonse de Spina parlait déjà d'une secte magique appelée Xurginae ou Bruxae composée d'hommes et de femmes. Ils faisaient volontairement commerce avec le Diable qui transportait leurs âmes au loin et leur faisait croire par le biais d'une illusion qu'ils pouvaient voler sur une distance de deux cents milles en quatre ou cinq heures.

"Ce qu'il se passe au Sabbat n'est qu'un jeu d'ombres ; Leurs corps restaient au fond de leur lit."

Il raconte ensuite comment une sorcière se vantait, en

présence de l'Inquisiteur et de la cour royale, qu'elle avait été transportée dans les airs durant le vol par un Diable visible ou invisible. Pour ce faire elle avait juste eu besoin de son onguent. Pour convaincre son audience, on l'autorisa à l'utiliser en sa présence. Elle appliqua alors soigneusement le baume mais resta allongée sans bouger sans que rien d'inhabituel ne se passe. Il existe encore de nos jours des témoins de ce type de phénomènes. Dès lors, il devint clair que la supposition d'un transport physique des sorcières au sabbat était incorrecte. Il s'agit en fait d'une supercherie du Diable leur faisant croire qu'elles avaient été emportées au loin.

Le 12ème chapitre de "*De la Démonomanie des Sorciers*" de Bodin est à cet égard particulièrement intéressant. Une sorcière confessa puis assura aux inquisiteurs qu'elle pouvait se rendre au Sabbat s'ils lui permettaient brièvement d'utiliser son onguent. Ils acquiescèrent, sur quoi elle s'appliqua un baume nauséabond sur tout le corps, s'allongea et s'endormit immédiatement. Elle resta fermement attachée à son lit, fut battue, piquée, et brûlée, et tout cela sans donner aucun signe de vie. Le lendemain, elle raconta son voyage au Sabbat, mais durant toute l'histoire il était évident que les tortures qu'on lui avait administrées étaient mélangées à ses visions.

Dans toutes les études sur la démonologie, le fait est qu'il n'y a pas un seul exemple de "lévitation" où la personne ait été transportée "à travers les airs".

Dans tous les cas, on pouvait voir comment la sorcière se préparait pour son voyage : elle se mettait toute nue, appliquait l'onguent à des endroits spécifiques sur son corps, après quoi, le corps devenu rigide, elle tombait en trance.

L'onguent, qui joue le rôle principal dans tous les procès de sorcières, n'est encore une fois pas particulièrement médiéval, mais a été utilisé par toutes sortes de gens, à toutes les époques.

Le Soma, boisson des Brahmanes pour la clairvoyance et la perfection du yoga, le Népenthes d'Homère, les Potamantis, Thalasséglé et Gelatophyllis de Pline sont des moyens similaires pour séparer l'âme du corps et lui procurer un état de joie et de ravissement.

L'Héliocabis aussi appelé Hélicabon et le Molybdène étaient particulièrement connus. Cette plante était déjà connue des égyptiens et était souvent assimilée à l'Atropa Mandragora ou à l'Atropa Belladonna.

Les onguents des sorcières du Moyen Âge furent décrits à de nombreuses reprises : Paracelse parle d'un onguent composé de graisse de bébé, de pavot, de belladone (Solanum furiosum), de chicorée et de cigüe. Wier y ajoute l'herbe à cinq-feuilles, du sang de chauve-souris, une huile extraite de graines de séneçon jacobée, de la jusquiame, de la cigüe, du pavot, de la laitue sauvage, du lait de loup, et des baies de la mortelle belladone.

Karl Kiesewetter expérimenta sur lui-même un certain nombre d'onguents de sorcières et obtenu des résultats étonnants. Il découvrit que le massage de l'onguent sur le bas de l'estomac stimulait des rêves auto-générés par la "hyoscyamine", des rêves de vols dans une spirale comme s'il était jeté dans une tornade.

A des niveaux plus avancés, la sorcière était capable de se dispenser de moyen artificiel pour se rendre au Sabbat ; il lui suffisait de dormir un peu avant.

Toutes les sorcières que De Lancre persécuta, et il y en eut à peu près un millier, étaient toutes d'accord pour dire qu'il fallait dormir un peu avant le vol. Et quand le sommeil était profond, vous vous "réveilleriez" systématiquement. Parfois, il était suffisant de fermer un œil et l'instant d'après on "s'éveillait" et on était emporté. En un clin d'œil, peu importe la distance, vous pouviez être transporté n'importe où, aussi loin que Terre Neuve ou au l'autre bout de la terre.

Les sorcières insistaient souvent pour dire qu'après un petit somme, elles retrouvaient un parfait état d'éveil. Tout cela se passait d'une façon si réelle qu'il n'y avait aucun doute possible sur la réalité des évènements, ce n'étaient pas des rêves ou des illusions.

Ici, le somnambulisme apparait comme un état totalement différent du sommeil naturel, mais ce n'est pas étonnant que les gens simples ne puissent remarquer la différence sans connaitre l'existence distincte de ces deux états. Je n'ai trouvé qu'une seule fois l'exemple d'une sorcière qui restait suspicieuse de la réalité du Sabbat. Johanna Michaelis déclara explicitement à Remigius (Daemonolatriae LIB III, 114) que l'on n'a définitivement pas une vision normale au Sabbat. Pour cette dernière, tout y paraissait confus, de telle façon que l'on ne pouvait y distinguer quelque chose de défini ou de certain. C'était exactement comme quand on voit mal du fait de l'alcool, du sommeil, par tromperie ou n'importe quelle autre raison.

Mais ces cas d'éveil et de sommeil partiels étaient extrêmement rares, à l'instar du somnambulisme bien plus commun où la transition du sommeil physique dans un état transcendantal contracte ou efface le temps. Katharine de Landal racontait qu'elle n'avait pas besoin de dormir, mais que quand elle s'asseyait près du feu le soir, elle avait une telle envie d'aller au Sabbat qu'elle ne pouvait le comparer à aucun autre désir, et elle s'y trouvait immédiatement transportée.

Les crimes commis par les sorcières ne se comptaient plus.

Johann Nider détailla tous ces méfaits avec grande précision et d'une façon systématique dans son "Formicarius. Il dénonça le déni et la diffamation de l'Église catholique et du pape, le pacte avec le Diable et les rites obscènes en son hommage où il apparaissait sous forme humaine, les voyages extatiques, l'enchantement des cultures et du bétail, l'incitation à la haine et à la convoitise, l'accouplement entre les humains et les animaux, la métamorphose des sorcières et des sorciers en bêtes (lycanthropie), la mise à mort du fruit de l'utérus par sorcellerie, l'usage de parties du corps de cadavres d'enfants assassinés pour la fabrication d'onguents et pour finir la copulation avec les incubes et succubes.

Il est certain qu'il devint coutumier d'imputer les plus incroyables forfaits aux sorcières, et ceux qu'elles avaient effectivement commis étaient suffisants pour répugner d'horreur le plus cruel des Inquisiteurs.

L'inversion de leurs natures physiques et la totale dévaluation des lois qui s'appliquent habituellement au corps les amenèrent à devenir criminelles. Ça n'arrivait pas par une intention consciente, ni une volonté claire, mais plutôt par la même nécessité qui fait que d'autres agissent pour le bien ou sont conscients de mal agir quand ils commettent une mauvaise action.

L'éternelle question des doctrines religieuses ; "Quelle est l'origine du mal ?" était adressée comme provenant de la constitution organique de la sorcière elle-même.

Les lois divines et conventionnelles étaient inversées dans son cerveau, ainsi le terrible code satanique naissait-il en son for intérieur. Vous devriez aimer Satan, le servir comme un Dieu, lui et personne d'autre. Le nom de Jésus devrait être profané et méprisé. Vous devriez honorer les jours saints de la Synagogue, haïr vos pères et mères. Vous devriez tuer hommes, femmes et surtout enfants, car en faisant ainsi vous vexerez encor plus profondément celui qui disait "Laissez venir à moi les petits enfants." (Matthieu 19:14). Vous devriez commettre toutes sortes d'adultères et de fornications, plus particulièrement ceux qui sont contraires à la nature ; vous devriez voler, tuer, et détruire, vous devriez faire de faux témoignages et mentir.

Les pouvoirs magiques qu'elle possédait lui donnait une influence considérable sur les gens. Un seul de ses regards était capable d'estropier ses ennemis. On la craignait tellement qu'elle était amenée au juge le dos tourné. D'un geste de la main elle pouvait plonger quelqu'un dans une trance hypnotique ou influencer le cerveau d'une personne et lui infliger des stigmates. Sa volonté était si forte qu'elle pouvait se projeter sur de grandes distances pour contacter des gens vivants très loin.

Elle ne dédaignait cependant pas l'usage de moyens naturels pour obtenir des effets dévastateurs. Elle mixait les poisons à merveille, et il n'y avait pas une plante vénéneuse dont les effets lui étaient inconnus. Mais, pour renforcer les effets naturels pour qu'ils deviennent "magiques", elle avait besoin de parties de cadavres et de graisse d'enfants fraîchement tués. Alors, elle enlevait des enfants où elle le pouvait, de préférence non baptisés, volant ainsi au détesté Philippe une de ses âmes.

Elle le tuait au cours d'atroces tortures afin de gratifier son commandeur : bouillait la chair, puis la mixait avec les ingrédients les plus répugnants et l'extrait de diverses plantes vénéneuses et fabriquait ainsi la terrible "anthropotoxine".

Aller à la chasse aux enfants était un sport très prisé et

extrêmement courant au Moyen-Âge. Le nombre de ces pauvres victimes était incommensurable. Le fameux Gilles de Rais sacrifia à lui seul un millier d'enfants pour ses desseins sataniques, "car il était né sous une telle étoile, qu'aucun autre homme ne pourrait jamais commettre de tels crimes." ainsi qu'il le disait lui-même avec fierté. A chaque Sabbat, au moins un enfant était "sacrifié".

Les juifs et les chrétiens rivalisaient pour les meurtres d'enfants et l'infâme évêque de Guibourg massacrait un enfant à chacune de ses nombreuses Messes Noires, et mixait leur sang avec du sang menstruel avant de s'en servir comme le Sang du Christ.

Parfois, des adultes aussi étaient utilisés à ces fins. On connait ce cas d'un cardinal italien qui prit sa rousse concubine qui venait juste d'accoucher et l'enterra dans le sol jusqu'à la poitrine. Il plaça ensuite un serpent à chacun de ses seins et récolta le nectar qui en coulait, ainsi que celui présent dans le corps des serpents, puis s'en servit pour créer du poison. C'est de cette façon que les poisons étaient fabriqués, le plus célèbre étant le fameux Aqua Toffana. Ses effets étaient abominables. Il n'existait pas d'antidote, aucune façon de le déceler, car il était incolore et sans goût. Il pouvait être présent dans le corps pendant des mois sans que la victime le sache. Elle ressentait juste un malaise qui s'aggravait graduellement jusqu'à ce qu'elle s'écroule. Le poison attaquait les organes vitaux sans causer de convulsion ou de souffrance particulière, mais provoquait plutôt une extinction progressive, un affaiblissement pernicieux jusqu'à extinction. Les effets étaient visibles seulement après la mort : les membres commençaient à se dissoudre. Lors de la procession funéraire du cardinal Ganganelli, qui était porté dans un coffret ouvert, une jambe tomba même du cercueil.

Il était certain que certaines des épidémies trouvaient leur origine dans ces concoctions répugnantes. Chaque étrange maladie du système nerveux pouvait en partie être retracée jusqu'à elles et les séries de procès poursuivant la préparation de ces "sales œuvres toxiques" n'en finissaient pas. Ces procès étaient justifiés et bien fondés, et dans la plupart des cas ces "sales œuvres toxiques" étaient présentées au juge comme le *corpus-delicti* découvertes dans la mise à sac du domicile du suspect. En l'an 1605, près de deux milles préparateurs de poison furent exécutés en Bohême, Silésie, et Lusace. Et, comme la justice humaine se devait d'être particulièrement efficace, les empoisonneurs furent pincés avec des tenailles de fer rouge, brisés sur la roue, et ensuite "fumés" c.-à-d. lentement rôtis par un feu construit en cercle autour d'eux, et tout cela dégageait une grande puanteur.

Les descriptions trouvées dans les manuscrits du processus de préparation des breuvages de sorcellerie étaient édifiantes :

"Ne soyez pas étonnés que cette personne soit dans une grande souffrance, la sorcière a pris des herbes - (les noms des plantes sont catégorisés selon l'astrologie botanique) et prononcé les mots magiques que l'esprit démoniaque lui a enseigné ; car ces Magiciennes ne comprennent pas ce qu'elles disent, mais l'attribuent au démon et ne font rien d'autre que ce qui est dicté par une imagination dominée par des croyances erronées. Elles extraient ensuite le jus des herbes, lavent leurs mains avec par trois fois, et laissent les herbes sécher dans leurs mains jusqu'à ce que leurs mains soient sèches. Ensuite, elles ne se lavent pas les mains avant d'avoir touché celui à qui elles veulent nuire. Dès qu'elles s'approchent de cette personne, elles tendent leurs mains vers lui, et si la victime n'est pas pieuse alors les esprits malins de ces plantes la pénètrent et traquent les trois esprits naturels du sang : alors, au moment où elle est touchée, la personne ressent une souffrance intense, une douleur qui s'étend d'heure en heure dans tout le corps, alors qu'elle se convulse et hurle, et oh malheur."

Il est certain que l'effet de tels moyens dépend de la *télenergie,* la sensibilité et la suggestibilité de la personne attaquée, mais au Moyen-Âge, les gens étaient extrêmement sensibles, et dans la plupart des cas, ces pratiques étaient menées avec succès.

Je dois, bien sûr me limiter à la faible portion de crimes déjà évoqués, mais qui sont cependant suffisants pour justifier les procès des sorcières.

Les gens du Moyen-Âge devaient se défendre. Ils devaient éliminer les sectes criminelles de la même façon que les anglais de nos jours ont tenté de venir à bout des Thughs en Inde. Les crimes augmentaient en nombre d'année en année, et même s'ils essayèrent à maintes reprises de faire cesser les procès de sorcières, ils durent les rétablir une fois de plus. C'était sans nul doute la terreur de l'estrapade, des pinces, et de la roue qui empêcha les personnes aux talents de médium de se donner à Satan et d'utiliser en son honneur les produits de leurs chaudrons au "service de l'humanité souffrante."

Certainement, quelques innocents furent "fumés", et des 8 millions de sorcières qui furent superficiellement estimées brûlées sur le bûcher, une bonne quantité d'innocentes se glissa certainement parmi elles.

Il était bien connu combien il était extrêmement difficile de coincer un medium relativement bon. Sprenger nous l'apprend, ainsi que Bodinus, Remigius et De Lancre, et tous les autres juges qui se débarrassèrent des sectes magiques par des moyens peu délicats et éliminèrent toutes les personnes ayant des talents médiumniques. D'un côté, si l'on considère le bien-être de la race humaine, hé hé, c'était bien. Oui, parce qu'il faut bien comprendre que la plupart des gens souffrait pour eux de "démence morale", une démence qui se manifeste aujourd'hui au siècle de l'électricité, à travers les innocentes hallucinations des professeurs ; mais au Moyen-Âge, on détruisait cette prédisposition génétique à l'hystéro-épilepsie et tous les germes d'où fleurirent ces terribles épidémies nerveuses.

Les citoyens libres penseurs qui parlent avec tant d'indignation de ces procès devraient remercier Remigius qu'ils ne dansent pas de façon scandaleuse sur la place du marché, ne voient pas leur "Doppelganger", ou qu'ils ne soient pas tourmentés la nuit par des bruits infernaux et d'autres amusements.

A la fin du 16ème siècle, Satan commença à trouver ennuyeuse la compagnie de sa bande infâme de sorcières. *L'ecclesia militans* (l'Église militante) avait triomphé. Il n'avait plus besoin d'agitation et de propagande. Les femmes venaient vers lui dans des délires innombrables, et Il les observait avec une indifférence méprisante alors qu'elles dansaient autour de lui, se vautraient dans la fange et hurlaient sauvagement. Il devint cruel. Dans son désir de nouvelles formes de luxures, il inventa les raffinements les plus immondes. Si copuler avec lui avait été juste froid et inconfortable avant, maintenant cela devenait une terrible torture.

Les femmes qu'il choisissait criaient comme si elles étaient à l'agonie, pissaient le sang *"aussi bien devant que derrière, selon le lieu où il est allé heurter"*. Voici les déclarations de filles de 13 à 16 ans, auparavant totalement pures et vierges et qui, selon Paracelse, ne désiraient même pas l'*actum venerem* (acte sexuel).

Non, il ne voulait plus de ça, son imagination ne pouvait plus apporter davantage de variétés à ces orgies. Il n'aimait pas non plus se cacher dans des lieux inaccessibles et lointains. Il était maintenant suffisamment puissant pour infiltrer l'Église de son adversaire, le renverser de son autel, prendre sa place et faire des prêtres ses serviteurs les plus dévoués.

Et ce ne fut pas difficile pour lui. Grâce à ses progrès énormes faits durant le 16ème siècle, il ne fallut pas longtemps avant que, comme Remigius le disait : sur trois personnes prises au hasard dans la rue, certainement deux d'entre elles étaient coupables de Sorcellerie. On trouvait de nombreux prêtres qui amenaient le Sabbat au sein de l'Église et menaient les Messes Noires les plus scandaleuses dans leur cercle d'initiés. De Lancre en envoya même trois au bûcher en se dédouanant de toutes sortes d'excuses imaginables. Quelques années plus tard, les Messes Noires étaient extrêmement communes et se tenaient dans les couvents, ces terrains fertiles de l'activité démoniaque développés par les pères confesseurs pour la satisfaction de leurs désirs charnels et autres desseins.

Le procès de Magdalaine Bavent est devenu célèbre. Ses mémoires nous donnent une excellente description de ce culte obscène. (Histoire de Magdalaine Bavent, religieuse du monastère de Saint Louis de Louviers. Paris chez Jacques le gentil, 1652.)

Cela se passa à la Chapelle du cloître de Louviers. Il n'y avait pas là de secte, mais le lieu était éclairé par des torches sur l'autel, probablement alimentées de graisse de pendus, ce qui était une pratique courante à l'époque.
Quelques prêtres étaient présents, et parmi eux, Picard, son vicaire, Boullé et quelques autres, cinq ou six, que Bavent ne connaissait pas aussi bien que les nonnes.

"L'hostie y était similaire à la nôtre sauf qu'elle ne

comportait pas d'icone. L'élévation des sacrements se fit, alors qu'on entendait les plus terribles blasphèmes et malédictions prononcés à l'égard de la Trinité, de l'Eucharistie, des autres sacrements et des cérémonies de l'Église… Cette affaire n'était pas honorable, et il m'est impossible d'y penser sans ressentir une certaine horreur… Une chose est sûre, les Saints de Dieu font de grandes choses, mais il faut dire que les impies du Diable ne leur sont en rien inférieurs. La malice des prêtres les pousse occasionnellement à dire la messe avec une grande hostie, au centre de laquelle ils découpent un trou, y collent un morceau de parchemin et l'utilisent ensuite de façon honteuse dans le but de satisfaire leur lubricité !"

Maria von Sains raconte que ceux présents furent aspergés du Sang du Christ au cri de "*Sanguis eius supra nos et super filios nostros !*" ("Que son sang soit sur nous et nos enfants !"). La messe elle-même était accompagnée de gestes et cris les plus obscènes. Certains tiraient la langue, d'autres enlevaient leurs vêtements, d'autres se déculottaient et tournaient leur derrière nu en direction de l'autel, d'autres se masturbaient de la manière la plus honteuse et, quand l'hostie était élevée, le tout s'intensifiait en une frénésie diabolique qui dégénérait en un délirium d'orgie sexuelle sauvage.

Vers la fin du 17ème siècle, la Messe Noire était populaire. Elle devint presque publique. Et ce n'était plus un secret qu'elle était célébrée par une foule de femmes hystériques dans l'Église même du Saint Esprit à Paris, dans l'Abbaye de Montmartre.

Le procès à l'encontre de l'abbé Guibourg durant le glorieux règne du Roi-Soleil compromit la plus haute aristocratie et les maitresses du roi à tel point qu'il fallut le dissimuler au plus vite. Mais assez de faits furent révélés pour nous donner une idée précise d'une telle messe, typique en ce temps-là et de nos jours.

Dans une chapelle totalement recouverte de noir se tenait un autel avec une couronne entourée de bougies noires. Là, Guibourg attendait ses clients, et ils accoururent en horde. Le grand débaucheur et mixeur de poison, le poète de la cour Racine, d'Argenson, de Saint Pont, la Boullion, Luxembourg et peut-être aussi Lord Buckingham, mais ce jour-là de janvier 1678, c'était le tour de la célèbre Marquise de Montespan.

Elle était obsédée par le désir de devenir reine. Elle aurait sacrifié n'importe quoi pour l'obtenir, mais elle n'avait jamais été aussi loin dans la satisfaction de son ambition car Louis XIV, qui était atteint de satyriasis, commençait à se refroidir considérablement.

Mais Guibourg, Guibourg le vil, qui fournissait les poisons à toute l'aristocratie et l'intoxiquait de philtres d'amour, était le seul qui pouvait faire quelque chose. La Marquise de Montespan venait à peine d'entrer dans la chapelle qu'elle se déshabilla et s'allongea nue sur l'autel. Alors l'infâme cérémonie commença.

Le prêtre étendit une étoffe sur son ventre et plaça un calice dessus. Il posa une croix sur sa poitrine. Puis il dit la messe selon le rituel catholique, excepté que quand le prêtre était supposé embrasser l'autel, il embrassa son corps nu. *"Quotiescumque altare osculandum erat, Presbyter osculabatur corpus, hostiamque consecrabat super pudenda, quibus hostiae portiunculam inserebat "* ("et il consacra l'hostie sur ses parties génitales, sur lesquelles il plaça un morceau d'hostie.")

Le moment de la consécration approcha. La fille de la fameuse Madame La Voisin, devenue impopulaire après le procès de l'empoisonneur Brinvilliers, cria trois fois. La porte s'ouvrit et la terrible sorcière, Des Œillets, apparut avec sous le bras un enfant de deux ou trois ans. Il avait été acheté à sa mère pour un écu. Les enfants étaient une marchandise bon marché. C'était maintenant le moment de faire entendre la parole du Christ, aussi Guibourg murmura : "Le Christ a dit, souffrez les petits enfants, venez à moi. Je veux que vous alliez vers Lui et deveniez un avec Lui."

Alors Guibourg souleva l'enfant, le tint au-dessus du calice et s'écria :

"Astaroth, Asmodée, princes de l'amitié, je vous conjure d'accepter le sacrifice que je vous présente de cet enfant pour les choses que je vous demande."

Il posa l'enfant sur le ventre de Montespan et lui trancha la gorge. Un terrible cri retentit et le sacrifice fut accompli. La petite tête de l'enfant retomba en arrière. Son sang s'écoula dans le calice, éclaboussa la soutane du prêtre et les membres nus de l'autel vivant. Des Oeillets s'empara de l'enfant assassiné et arracha les intestins de cette "momie" supposée servir à d'autres desseins.

Guibourg servit le sang et le vin à l'assemblée, puis il brisa l'hostie qui contenait des cendres des os d'enfants morts non baptisés et la plaça dans le calice. Puis il souleva le calice : "Ceci est mon corps ! Ceci est mon sang !"

Il but et donna le calice à Montespan pour qu'elle en boive aussi. Après la consécration, le prêtre conjura les pouvoirs sombres pour accomplir tous les désirs de Madame de Montespan : que le roi partage sa table et son lit avec elle, que la reine soit rejetée et devienne infertile, et qu'à sa place, elle soit nommée reine de France.

Puis quelque chose de répugnant survint : "Missa tandem peracta, Presbyter mulierem inibat, et minibus suis in chalice mersis, pudenda sua et muliebria lavabat." (Après la fin de la messe, le prêtre monta sur la femme, trempa ses doigts dans le calice, et humidifia son sexe et celui de la femme.) Une héritière de l'une des plus prestigieuses familles de France s'était soumise aux désirs immondes d'un vieil homme en présence de La Voisin et Des Œillets !

Pour finir, le prêtre prépara un sac avec le reste de l'hostie, le sang et les intestins de l'enfant. Il tendit le sac à Montespan. La messe fut un succès. Quelques jours plus tard Montespan reconquerra les faveurs du roi, et ce dernier s'attacha à elle comme jamais auparavant.

A notre époque, les preuves sont naturellement très rares et peu fiables. Le peu que l'on sache nous provient avec une extrême difficulté des connaissances de ces occultistes qui s'y intéressent. Le plus important de tous est Huysmans qui fournit bon nombre d'informations dans son immortel "Là-Bas" et sa préface par ailleurs assez médiocre de Jules Blois. "Le satanisme et la magie noire" nous en donne un autre échantillon.

La bourgeoisie libérale triomphait quand Léo Taxil se moqua du clergé de Paris. Cependant il est certain que les sectes contemporaines d'adorateurs de Satan se divisent en deux camps.

Une de leurs branches est celle des Paladins, qui ont simplement inversé le catholicisme. Il n'est pas très clair quelle est leur relation avec les Francs-Maçons italiens. (Adriano Lemmi, le grand maître de la loge italienne et chef de la secte, ne semble pas être l'ange pur que les journaux libéraux prétendent être. Huysmans l'appelle : un filou condamné pour vols en France.).

Les Paladins sont une sorte de secte néo-gnostique qui assimile Lucifer à Adonaï. Il est le Dieu de la Lumière, le Principe du Bien, tandis que Jehova-Adonaï est le Dieu maléfique, le Dieu des Ténèbres. On peut voir la force incroyablement tenace de l'ancien Manichéisme.

Les Satanistes d'un autre côté savent parfaitement que Satan est un ange déchu, le Grand Adversaire et l'éternel Serpent de la Tentation. Il reste ce qu'il était pour les Satanistes médiévaux, le grand Prince des Ténèbres, grâce auquel on peut obtenir les plus étranges dons et sous la protection duquel tous les crimes sont permis sans crainte de rétribution. D'autant plus que les arts de la Magie Noire ne sont plus pris en compte par les livres de droit. Leur leader est généralement un prêtre qui exécute des messes blasphématoires et qui est en même temps pourvu de dons magiques comme le fameux Canon Docre.

Huysman décrit une telle messe avec une force et une énergie surprenante dans son roman "Là-Bas", qui en plus de ses qualités purement artistiques, est un document de la plus haute importance.

C'est toujours la même recette : la messe blasphématoire, la profanation des sacrements et l'orgie sexuelle finale portée à des intensités inhumaines par l'inhalation de poisons narcotiques. On retrouve toujours les mêmes éléments : un prêtre souffrant de satyriasis et des femmes hystériques avec des tendances au somnambulisme. Une explication psychologique de ces pratiques monstrueuses est tout aussi impossible que pour toute autre religion. Parce que le Satanisme est une religion comme une autre, mais c'est une religion *à rebours*, la religion de la haine, de la vengeance et de la fornication. Dans l'abysse du sexe tout est possible, toutes sortes de crimes sont commis, là sévit une terrible incitation au délire qui ne peut être apaisée que par des moyens inhumains, par la destruction de toutes les lois qui régissent normalement la psyché humaine.

Une personne normale ne peut pas plus comprendre la

Messe Noire qu'elle peut comprendre la sodomie ou le bestialisme, et pourtant il ne vient à l'esprit de personne de nier ce dernier, ce qui, comme nous le savons, se fait avec une étrange rage à l'égard de la Messe Noire.

Aussi, la secte continue de prospérer vigoureusement sous la protection de l'athéisme libéral et de l'Église libérale, s'accordant avec le darwinisme et le matérialisme et basant son existence sur les accomplissements des enseignements matérialistes. La secte est en train de devenir forte et puissante.

L'Église, bien connue pour être la plus grande ennemie de toutes sortes de mysticisme, l'Église matérielle grossière, qui renie même ses propres origines, ne veut rien avoir à faire avec tout cela, bien qu'elle devrait avoir toutes les raisons de lutter contre cette secte, même au risque d'être moquée dans une des plaisanteries faciles d'un journal berlinois.

En conclusion, laissez-moi vous dire quelques mots sur une secte fondée par Vintras Carmel, au sein de laquelle les blasphèmes et les fornications les plus ignobles étaient pratiqués. Les Rosicruciens parisiens réussirent malgré d'indescriptibles difficultés à obtenir des détails complets sur la doctrine ésotérique de cette secte.

Stanislas de Guaita les publia dans son excellent livre " Le Serpent de la Genèse", Vol.I.

Cette secte est basée sur la rédemption progressive des êtres depuis le niveau le plus bas jusqu'au plus haut. Chaque personne doit travailler sur le développement de sa perfection personnelle et participer au but commun. Comment le salut est-il obtenu ? La réponse à cette question était le grand secret du Carmel : nous avons perdu le paradis à cause d'un acte d'amour pervers (la fornication d'Eve et du Serpent), il peut être retrouvé par un acte d'amour religieux.

Pour cette raison, l'union sexuelle peut être consommée d'une façon démoniaque comme ce fut le cas au Paradis, ou dans la sainteté comme pratiqué au Carmel. Les Carmélites consomment l'acte d'amour "Saint" entre elles pour se perfectionner et aussi avec des esprits élémentaux (succubes ou incubes) pour les "sacraliser".

"Hors des unions, point de salut !". Chaque homme de la secte possède toutes les femmes et vice versa. Ce communisme sexuel forme l'essence de ces doctrines. L'autel est un lit, le baiser est l'office du prêtre, et le vice contre nature d'Onan sert à élever les êtres de niveaux plus bas. Les copulations publiques durant lesquelles les lumières sont éteintes, comme c'était le cas chez les gnostiques, et la prostitution honteuse, deviennent les plus grandes vertus, un acte de sanctification intérieure.

Les Rosicruciens qui recherchèrent les secrets de cette secte basée sur le copieux matériel et le courrier personnel de son leader, le prophète Johann Baptista, le condamnèrent à mort. Cette sentence devait être exécutée par le Vehme s'il ne cessait pas ses ignominies dans l'année.

Voici quelques exemples de la façon dont le prophète

sanctifiait ses disciples :

"La famille G… ne disposant que de deux lits, les unions avaient lieu dans l'un, et le Père y couchait avec les deux filles à la fois. En mars 1883 le Carmel était dans toute son action", cela concerne une messe noire durant laquelle une scandaleuse scène de jalousie survint. "Une dame ne trouvait pas une compensation suffisante à la perte de son mari, qui était violemment épris de Mlle C. G." Elle menaça alors de trahir les secrets de la secte. C'est ainsi que les événements prirent un tour des plus incroyables, ce qui fut certifié par un témoin de la scène plein de remords. La dame récupéra son mari tandis que la demoiselle "dut demander pardon à genoux à Madame, tandis que cette dame, couchée avec son mari, accomplissait une union céleste."

Ce prophète, entouré de médiums et de somnambules, à travers lesquels il désirait expérimenter les secrets de la magie noire après les avoir plongés dans un état d'hypnose, ce leader d'une large secte avec un nombre naturellement croissant de membres, constitue un danger que l'état libéral ne devrait pas ignorer même pour des raisons purement sociales.

"Creatum est os ad edendum, create sunt genitalia ad coëundum" (Le squelette est fait pour engendrer des enfants, le sexe pour l'accouplement). C'est le principe suprême, éternellement nouveau et éternellement ancien du gnosticisme immortel.

La phrase suivante ne fait également que confirmer ce

que nous savons déjà du Sabbat : "Doctam esse testor, nullo sanguinis vincula prohiberi, quin et fideles coëant invicem: nec patrem cum filia, neque cum filio matrem, neque cum frater sororem unquam rite misceri fuisse nefas"

(J'affirme qu'il est déraisonnable de limiter quelqu'un par le tabou du sang – comme les chrétiens qui s'accouplent seulement entre eux – ni le père avec sa fille, la mère avec son fils, ou la sœur avec son frère, et en vérité, cela n'a jamais été un sacrilège d'être conçu par le mélange du sang).

Ce mysticisme sexuel qui sanctifie les formes les plus contre-nature de fornication n'est pas nouveau. Ce qui est nouveau est ce qui était nouveau pour la doctrine originelle des Cathares c.-à-d. le caractère positif de la secte, qui la rend mille fois plus dangereuse que le satanisme actuel, car elle est enracinée dans la négation, une négation pleine de la terreur de l'Enfer et de la mauvaise conscience.

Le sexe seul est à la base de tous ces phénomènes. Réprimer l'exigence toujours croissante et éternelle de gratification sexuelle, satisfaire sa vengeance, connaître ses pouvoirs cachés, être capable de trouver et d'apporter du plaisir sexuel, telles sont les raisons pour lesquelles on se donne à Satan.

Mais n'y a-t-il pas de bonheur là-dedans ? Oh que si !

Mais seulement dans le domaine nocturne, dans l'abysse et la souffrance où se trouvent le délire et l'intoxication. Vous tombez en Enfer, mais dans la frénésie délirante vous pouvez oublier, vous pouvez oublier.

Supprime-moi du Livre de Vie, inscris-moi dans le Livre de Mort ! Cette formule grandiose est la clé de toutes ces sectes.

Le jour, qui est le terrible et difficile poids de la vie, le terrible futur d'avoir à vivre. La nuit, qui est intoxication, délire et oubli. Malgré tous ces faits, il n'existe pas de mesure morale que le gras citoyen des classes moyennes puisse utiliser pour compenser sa stupidité et ses possessions bien mal acquises. Ces faits doivent être compris, compris dans l'inconsolable torture des souffrances de l'abysse.

Les humains désespérés n'ont qu'une seule porte de sortie : s'intoxiquer. Et ils se sont intoxiqués. Ils se sont intoxiqués avec du poison, car la corruption et toutes ces intoxications culminent par l'extase sexuelle. Les nerfs arrachés, l'individu, coupé en deux, souffre des plus horribles et cruelles tortures, mais au moins il oublie la chose la plus terrible de toutes, celle qui dépasse la souillure et l'horreur de ses onguents répugnants, ses hordes de crapauds, ses odieux sacrements d'urine et de sang menstruel mixés, il oublie la vie.

Qu'il s'adonne au crime dans des proportions toujours plus grandes, qu'il assassine et tue, qu'il ne connaisse plus de limite dans la vengeance et préfère mourir plutôt que de s'autoriser à être détourné de ses crimes, c'est son droit absolu, le droit de celui qui s'est inscrit dans le livre de la mort – qui nie la vie qu'il haït tant.

Il enfreint toutes les lois, les inverse et les moque, les profane et les pollue, il traite toute forme de pouvoir, que ce soit des religions ou institutions séculaires, avec le plus grand mépris, il choisirait la mort plutôt que de se repentir de ses "erreurs", à nouveau, tout cela est son droit, le droit de l'homme désespéré, le droit de celui qui ne peut s'échapper ou trouver une heure sans souffrance, il transcende les restrictions de la vie.

Il se trouve une idée de grandeur lorsque la sorcière, que le bourreau voulait libérer à condition qu'elle se donne à lui, rétorquait rageusement : "Moi, qui ai embrassé le cul de Satan, devrait me donner à toi, l'exécuteur de la loi ?"

N'y avait-il rien là de positif ?

Les Cathares avaient essayé, ainsi que le prophète du Carmel : ils avaient essayé de sanctifier le délire, la nymphomanie, et le satyriasis.

Triste et misérable hypocrisie !

Satan, en tant que le Paraclet, dans le sens de ce qu'est le Saint Esprit, est une ineptie. Satan qui crée la vie, la détruit à nouveau ; il crée l'évolution et la détruit continuellement à nouveau, Satan ne peut être un sauveur. Mais il est le Paraclet du mal, il proclame la grande loi, pécher c'est s'immerger dans quelque chose de plus grand. Il nous enseigne d'oublier les démons de la vie par la négation, par l'extase des instincts, par le délire.

Cela, et seulement cela, est Satan en tant que Paraclet :

Enivrez-vous !

Achevé d'imprimer pour Hexen Press
aux Pays-Bas par Pumbo.fr
en Octobre 2020
Dépôt légal : Octobre 2020
ISBN : 978-2-492143-01-4